DOCÊNCIA EM PAUTA
ÂNGULOS

Robson José de Moura Silva
Luciano dos Santos
(Orgs.)

DOCÊNCIA EM PAUTA
ÂNGULOS

Natal, 2020

Revisão *Luciano dos Santos*

Projeto Gráfico e Diagramação *Caule de Papiro*

Catalogação da Publicação na Fonte.
Bibliotecária/Documentarista:
Rosa Milena dos Santos - CRB 15/847

S586d

Docência em pauta: ângulos / Robson José de Moura Silva; Luciano dos Santos (orgs.). – Natal: Caule de Papiro, 2020.

192 p. : il.

ISBN 978-65-86643-06-0

1. Docência. 2. Prática docente. 3. Educação. I. Santos, Luciano dos. II. Título.

RN CDU: 371.133

Caule de Papiro gráfica e editora
Rua Serra do Mel, 7989, Cidade Satélite
Pitimbu | 59.068-170 | Natal/RN | Brasil
Telefone: 84 3218 4626
www.cauledepapiro.com.br

SUMÁRIO

PREFÁCIO

É com imensa satisfação que prefaciamos esta obra intitulada *Docência em Pauta: Ângulos*. No contexto do atual cenário educacional brasileiro, é emergente ampliar estudos voltados à observação e à corroboração ao exercício da docente, mediante situações desafiadoras e carentes de discussão.

Juntamente com as experiências de diversos profissionais da educação, a obra conta com contribuições enriquecedoras capazes de contribuir para a reflexão de outros profissionais da educação, bem como aqueles que desejam ingressar nesta área.

Desta forma, além de apresentarmos um leque de temáticas referentes à prática docente, o cenário de fundo subjaz a necessidade da busca por uma educação de qualidade, questão esta constantemente clamada pelo intento de políticas públicas que, historicamente, são reivindicadas pela sociedade brasileira.

Atualmente, diante da expansão da globalização, difusão do conhecimento e da evolução das tecnologias digitais da informação e da comunicação, desenvolver a prática docente tornou-se mais que uma obrigação, como, também, uma máxima da contemporaneidade a qual oferece múltiplas possibilidades de ensino atreladas a ferramentas viabilizadoras do processo de aquisição de novos saberes, habilidades e competências, alcançando diversos espaços e públicos, em diferentes tempos e linguagens.

Professores, enquanto agentes intermediários do conhecimento formativo e da aprendizagem do educando, possuem grandes atribuições e responsabilidades, ao mesmo tempo em que a própria ação docente confere-lhes concepções que poucas são oportunizadas a integrar políticas públicas ou mecanismos capazes de fomentar mudanças práticas e significativas no cotidiano escolar e, consequentemente, social.

É seguindo este raciocínio que a presente obra busca favorecer a expressão docente acerca dos ensejos da prática educacional, a fim de ampliar-se o alcance de novas compreensões relativas aos processos educacionais.

A referida obra, aqui apresentada, é fruto das contribuições de grupos de estudos dos Programas de Mestrado e de Doutorado em Ciências da Educação da Faculdade de Sidrolândia/MS, Facsidro, sendo esta proposta constituída por dez capítulos, conforme expressos a seguir.

No primeiro capítulo abordam-se questões referentes à docência e à formação continuada dos profissionais da educação, o qual traz uma grande reflexão quanto aos aspectos teóricos e práticos da referida ação ascendente. Nosso segundo capítulo discorre acerca das efetivas ações voltadas à efetivação da inclusão escolar, sendo esta temática uma das peças-chave para a promoção de uma educação de qualidade. No capítulo terceiro é apresentada uma discussão acerca da prática docente através da apropriação das possibilidades metodológicas através de dispositivos tecnológicos móveis, como o *Smartphone*, em sala de aula. O quarto capítulo desta obra ancora-se na importância das ações docentes via modalidade a distância. O quinto capítulo amplia os horizontes da prática docente meio às possibilidades oferecidas pela ludicidade, através de brincadeiras e dinâmicas socializadoras. O sexto capítulo apresenta reflexões quanto à inserção de recursos educacionais midiáticos, no meio escolar, como alternativa pedagógica para lidar com o absenteísmo docente. O sétimo capítulo traz uma discussão pautada nas possibilidades pedagógicas do professor do Atendimento Educacional Especializado. No oitavo capítulo é apresentada uma discussão acerca de abordagens metodológicas através da interdisciplinaridade com a literatura, especificamente, regional. O nono capítulo apresenta uma discussão acerca das contribuições da parceria entre escola e família, como garantia ao rendimento escolar. No décimo e último capítulo, o estudo apresentado expõe aspectos referentes à prática docente mediante a pluralidade cultural na sala de aula.

Os autores.

APRESENTAÇÃO

As produções textuais reunidas nesta obra abrangem aspectos da prática docente em múltiplos contextos de ensino, apresentando problemáticas e conjeturas educacionais pertinentes ao cotidiano educacional, revelando singularidades e implicações relativas ao desenvolvimento dos processos de ensino-aprendizagem, seja na Educação Básica ou no Ensino Superior, seja na modalidade presencial ou a distância, não necessariamente em ordem linear, mas por confrontarem-se elementos obstrutores da consecução dos objetivos práticos da educação formativa.

Todavia, arguir acerca dos múltiplos aspectos que envolvem as práticas docentes, meio ao amplo sistema educacional brasileiro, é uma tarefa complexa e, ao mesmo tempo, instigante, haja vista que o vasto campo de ensino, suas adversidades e lacunas que, por décadas, passam despercebidas de atenção e de tratamento administrativo adequado, oferecem consideráveis oportunidades de discussões temáticas, as quais visam decifrar as incógnitas incongruências que obstaculizam o êxito educacional, em escala local, regional e nacional.

Nessa configuração panorâmica, acerca do desempenho docente no sistema educacional brasileiro, a obra *Docência em Pauta: Ângulos* traz em seu conteúdo as contribuições de estudiosos de áreas específicas que buscam esclarecer, de maneira objetiva, proativa e categórica diversas problemáticas coexistentes nas relações educacionais do país.

Organizado sob a responsabilidade de doutorandos do Programa de Pós-Graduação em Ciências da Educação da Faculdade de Sidrolândia/MS, Facsidro, com os devidos reconhecimentos de direitos autorais, biográficos e editoriais, a presente obra contou com as exímias contribuições de uma equipe multidisciplinar proveniente de grupos de estudos do referido programa e da mencionada instituição, a qual se debruçou sobre investigações assertivas diante de vertentes temáticas carentes por discussões aprofundadas.

Neste viés, surge uma nova proposta de interpretação das ações docentes, através de arguições, revelações, inferências e concepções acerca do ato de ensinar, trazendo à referida obra uma pauta concentrada nas experiências educacionais de seus autores e colaboradores.

Não podemos deixar de ressaltar que as pesquisas propostas e formuladas nesta obra contaram com as contribuições de diversos autores renomados e contemporâneos para embasar e substancializar a concretização de conceitos, historicamente, formulados e efetivados através da prática docente.

Portanto, apresentamos esta obra com a missão institucional de conceber novos conhecimentos capazes de transmitir ao leitor novas perspectivas de ensino, advindas das mais diversas áreas da docência, bem como apresentar aos futuros docentes as experiências de profissionais atuantes e motivados pela ascensão da educação.

CAPÍTULO I

FORMAÇÃO CONTINUADA: UMA AÇÃO NECESSÁRIA À ASCENSÃO DA EDUCAÇÃO BÁSICA

Geraldo Rodrigues de Paiva

(Doutorando em Ciências da Educação - FACSIDRO)

O desafio de ensinar, acompanhar e avaliar na escola solicita um trabalho docente consciente, que possa contribuir cada vez mais com a construção de uma sociedade justa. Nesse contexto, é necessário um professor comprometido em fazer leituras da realidade, organizando situações de ensino em que as interações com o conhecimento proporcionem a transformação da informação do senso comum em uma abordagem científica.

SUSANA SOARES TOZETTO

O estudo busca apresentar aspectos relativos à Formação Continuada docente, refletidos sobre as práticas pedagógicas características da atualidade, baseando-se, em contrapartida,na investigação dos aspectos relativos à Formação Inicial dos mesmos, no que se refere aos trâmites para inserção em programas de Formação Continuada, expondo, assim, pressupostos normativos e legais acerca do que se compreende por Formação Continuada, além de provir um panorama reflexivo quanto à qualificação profissional e aprimoramento pedagógico. Desta forma, a temática a ser pesquisada concentrará esforços que visam esclarecer pressuposições acerca do ingresso em programas de pós-graduação e propostas de Formação Continuada apresentadas pela gestão escolar, uma vez que, discutidas e presentes no Projeto Político-Pedagógico das instituições.

Diante da necessidade de investigar os fatores que induzem docentes a ingressarem em programas de pós-graduação, no atual cenário da educação brasileira, a respeito da qualificação profissional, e destes refletidos sobre a prática pedagógica, este estudo abre espaço à discussão quanto aos fundamentos estabelecidos por políticas públicas, através de programas de pós-graduação, assim como, a ausência de intenções por parte das gestões escolares, especificamente públicas, de viabilizar, junto às secretarias de educação dos referidos sistemas educacionais, Formação Continuada específica para atender as necessidades por demanda em cada instituição.

A respeito da relevância do tema proposto para estudo, em consonância à fertilidade de questionamentos, é notório percebermos, em distintas comunidades acadêmicas, o expressivo número de acadêmicos que acabam por desistir da realização e/ou conclusão de cursos de pós-graduação, seja em fase inicial ou posterior, acentuando a nítida frustração por diversos motivos, desde a não identificação formativa com os mesmos aspectos que dizem respeito às variáveis de disponibilidade de tempo, e também, de recursos financeiros para custear tal processo.

Logo, propõem-se, aqui, averiguar tal conjuntura com o intuito de prover dados fidedignos que possam ser utilizados em futuras fontes de pesquisas que contemplem a conscientização prévia de docentes, através da dissipação de informações compreensíveis, ágeis e franca, referentes a processos, objetivos, e propostas pedagógicas de cursos de pós-graduação e Formação Continuada nas instituições escolares.

APONTAMENTOS TEÓRICOS

O referencial teórico deste estudo ancora-se à proposta de esclarecimento de termos legais sobre os objetivos que regem os programas de Formação Continuada para professores de diversas licenciaturas, oportunizando, à ocasião, o contraste entre a referida explanação frente aos diferentes pressupostos teóricos e práticos, convergentes e/ou divergentes, em relação ao que conferido por leis, regimentos, diretrizes, dentre outros documentos oficiais.

Para tanto, Rivas *et al.* (2007) expressam a importância de pesquisas voltadas ao referido campo de estudo:

> A crescente internacionalização de pesquisas sobre a formação de professores constitui-se um dos grandes avanços nas últimas décadas. Considerado como uma área de pesquisa relativamente nova, tem atraído a preocupação e o envolvimento de muitos pesquisadores norte-americanos, europeus e latino-americanos. A

> problemática em si nunca tinha sido tão explorada como nos últimos tempos. Estudiosos da área têm denotado a fertilidade de questionamentos, resultantes de vários estudos e alguns resultados de pesquisas, que demonstram cada vez mais, a complexidade que envolve a profissão docente e suas especificidades com o ofício de ensinar (RIVAS et al., 2007, p. 06).

Indícios sobre a falta de compreensão de muitos professores acerca das propostas de qualificação profissional, em programas de Formação Continuada, demonstram a deficiência e fragilidade que os mesmos possuem em conceber o real objetivo dos referidos cursos, desviando, assim, o real propósito da formação. A este respeito, Coimbra e Pires (2006) explanam que:

> No caso dos cursos de formação continuada, no entanto, nem sempre a participação é espontânea, na maioria das vezes o que leva o professor a participar destes cursos é a necessidade de horas de cursos para pular barreiras e aumentar seu salário (COIMBRA, PIRES, 2006, p. 24).

Diante disto, nota-se que aspectos qualitativos podem estar sendo subordinados aos quantitativos, necessitando, neste caso, do estabelecimento de um amplo estudo sobre estes posicionamentos em prol de esclarecimento maciço e em grande escala, como se propõe as premissas do presente estudo.

Outro ponto que necessita ser demasiadamente discutido é a disponibilidade de tempo e sobrecarga emocional sobre as jornadas de trabalho cujas quais os professores lidam, comprometendo, criticamente, a realização, por exemplo, de um curso de pós-graduação, pois, muitos profissionais da educação possuem mais de uma carga horária, restringindo-se, assim, de qualquer possibilidade de tempo para realizar cursos de Formação Continuada com a dedicação e compromisso necessários. A respeito disto, os mesmos autores, Coimbra e Pires (2006), ainda expõem:

> Sobrecarga de trabalho e de responsabilidades, recursos obsoletos, ambientes de trabalho inadequados e em situação precária, salários defasados, problemas de saúde e assédio moral, são exemplos de situações experimentadas por professores de escolas públicas. No entanto, o propósito de fazer um trabalho sério, comprometido com a formação de cidadãos críticos, competentes e atuantes na sociedade também é uma realidade (COIMBRA, PIRES, 2006, p. 9).

Todos esses aspectos citados, oriundos de diversas localidades do país, implicam na investidura de professores em cursos de Formação Continuada para poderem, assim, extrair o máximo das propostas pedagógicas durante o desenvolvimento de cursos de pós-graduação. Para tanto, a escolha do tema para estudo designa-se à fomentação de novas discussões a respeito das expressões docentes quanto ao que os mesmos acreditam que seja a qualificação profissional em educação em suas carreiras.

FORMAÇÃO CONTINUADA: TEORIA E PRÁTICA

Numa perspectiva inicial, programas de Formação Continuada visam fornecer e ampliar subsídios educacionais que outrora não puderam ser assimilados, a profundo, em fase de Formação Inicial, além de propor uma gama de novos saberes teóricos e pedagógicos que contemplem a atuação docente. No entanto, os pressupostos epistemológicos que regem a implantação e dissipação dos referidos programas ultrapassam esta concepção formativa, tornando-a insuficiente, pois a Formação Continuada excede o mero preenchimento de vagas em seus cursos, pois oferece e oportuniza o domínio de novas possibilidades para a expansão de conhecimentos a serem refletidos sobre o papel do professor e de suas práticas pedagógicas, provendo, ao mesmo tempo, ferramentas capazes de analisar e dissolver problemáticas advindas do meio educacional, sendo a Formação Continuada uma linha de raciocínio ininterrupta que não deve limitar-se à conclusão da jornada de estudos. Conforme expresso por Granville (2007):

> Entretanto, na prática, o caminho da formação contínua do professor, que teoricamente deveria ser responsável por minimizar ou mesmo extinguir as deficiências conceituais, práticas e epistemológicas da formação inicial deste profissional, assim como oferecer novos caminhos oriundos dos avanços científicos, tecnológicos e econômicos da sociedade, vem também sendo objeto de críticas... (GRANVILLE, 2007, p. 168).

O caminho para a inserção em programas de Formação Continuada é composto por inúmeras incógnitas que, ao invés de serem explanadas previamente, acabam por ultrapassar todo o período de curso em si sem, ao menos, serem apresentadas para discussão, frente às necessidades do saber docente.

Uma discussão pouco difundida sobre a Formação Continuada é expressa por Branco (2007) quando apresenta que:

> Concebe-se aqui a formação continuada em serviço tendo a escola como espaço de formação porque desta forma aquela se articula melhor às condições de trabalho e tempo de professores. É no "chão" da escola que propostas de mudança devem ser levantadas, discutidas e concretizadas no projeto político pedagógico garantindo um processo formativo que promova a tomada de consciência para a construção da escola democrática (BRANCO, 2007, p. 3).

Fatores como salários defasados e constantes assédios morais, sofridos em âmbito de trabalho, levam os professores a recorrerem a programas de pós-graduação que por vezes, não atendem as necessidades por hora demandada nas escolas, o que torna esses cursos algo pouco significante e nada atrativo, consequentemente, o êxito de aproveitamentos destes em sala de aula será limitado.

De acordo com Branco (2007), uma proposta de Formação Continuada de sucesso deve ter em vista a boa articulação entre teoria e prática:

> Assim, a formação dos professores deve ser orientada por uma teoria. Sem desconsiderar a importância da prática, é preciso ressaltar a teoria não só para uma reflexão sobre novas possibilidades ao acesso do conhecimento, como para uma análise da própria prática. Sem uma formação teórica sólida fica difícil, por exemplo, fazer uma análise histórica sobre a profissão docente, a escola e o conteúdo a ser ensinado no contexto social atual. (BRANCO, 2007, p. 3)

FORMAÇÃO CONTINUADA E O PROFESSOR

Enquanto indivíduo eleito à aquisição de novas aprendizagens, de maneira recíproca, e destas refletidas sob suas práticas pedagógicas de maneira significativa, professores detentores de Formação Inicial compreendem o público que programas de Formação Continuada almejam contemplar. Herbst (2006) aponta questionamentos relativos ao grau de proximidade e significado entre professores e seus processos de Formação Continuada:

> Mas, e os professores como avaliam sua inserção no processo de formação continuada? Estarão esses programas atentos às reais necessidades de enfrentamento de problemas ainda presentes na educação? Que objetivos e perspectivas levam os poderes públicos a investir na formação continuada? (HERBST, 2006, p. 12).

Em contrapartida, autores como Wengzynski e Tozetto (2012) conferem aos programas de Formação Continuada uma importante tarefa de formar educadores reflexivos e comprometidos com o complemento formativo dos referidos programas. Este complemento atrela-se à reflexão do próprio aprendizado, através das práticas pedagógicas. Assim, os mesmos conferem à Formação Continuada:

> [...] ela é um processo que envolve aprendizado, planejamento e reflexão. Envolve valores, propósitos e conceitos associados ao que está sendo modificado. Há dessa forma, a necessidade de se fazer parte constituinte dessas mudanças e as elaborando dentro de um contexto mais amplo de reflexão (WENGZYNSKI, TOZETTO, 2012, p. 16).

Ser professor é ser um profissional distinto dos demais, pois este lida com a formação de outrem. É necessário sempre estar em processo de transformação e atualização para poder acompanhar as mudanças da sociedade sob a ótica da educação. No entanto, questionar o mesmo, sobre suas crenças a respeito dos processos de Formação Continuada, faz-se necessário para descobrir suas dúvidas, seus interesses e propósitos na investidura da Formação Continuada.

Faz-se necessário uma reflexão acerca não apenas dos interesses pessoais dos professores quanto a sua formação inicial e a continuação desta em programas de pós-graduação, haja vista que, ano após ano, as salas de aula apresentam alunos de gerações diferentes e com hábitos também diferentes, assim como, as mais diversas especialidades que requerem atenção dos profissionais que lidaram com elas.

Desta forma, as gestões escolares devem atuar intencionalmente para promover uma Formação Continuada específica, ligada as necessidades enfrentadas pelas instituições, que podem ser as mesmas ou não. Daí, cada escola deve buscar formar o profissional que nela atuará.

Atribuir ao professor a responsabilidade por buscar aleatoriamente uma Formação complementar a sua graduação e que para isto, na maioria das vezes, terá de investir financeiramente os recursos advindos de seu salário, que já se encontra defasado, assim como, reservar tempo para se dedicar aos estudos, é o mesmo que insistir nos moldes que se encontram em vigor e revelam a baixa qualidade da educação em nosso país.

FORMAÇÃO CONTINUADA E CONTEXTO EDUCATIVO

Ao tratar-se de formação continuada e seus significados na voz docente, é inevitável não fazer referência à instituição escolar como principal ambiente de formação continuada docente, pois é nela que se aplica e desenvolvem conhecimentos que servirão como base à preparação e recepção de novos saberes advindos da experiência profissional e da Formação Continuada.

No entanto, Penin (1994), Franchi (1995 *apud* AMBROSETTI, RIBEIRO, 2005) conferem à escola um papel fundamental, porém, incompleto, no que se diz respeito à Formação Continuada do professor, pois tal papel encontra-se, tanto quanto, embaciado, "a escola pública não tem sido, via de regra, um espaço favorável à docência e à formação de seus professores", daí a importância de se considerar, em processos de formação continuada, essa dimensão do espaço escolar enquanto contexto do trabalho coletivo como se configura a escola que, indubitavelmente, é ambiente de relações sociais.

A missão e o direcionamento dos programas de Formação Continuada estão diretamente relacionados aos ambientes onde os professores aplicam e desenvolvem seus saberes pedagógicos e de vida. Trata-se de um espaço delicado, repleto de representações e peculiaridades. As contribuições advindas dos referidos programas são reproduzidas de forma que venham propiciar reflexões aos indivíduos que nestes ambientes estão inseridos e, notoriamente, o principal deles é o discente. A este caráter missionário, Nóvoa (1991) contempla:

> A formação continuada deve estar articulada com o desempenho profissional dos professores, tomando as escolas como lugares de referência. Trata-se de um objetivo que só adquire credibilidade se os programas de formação se estruturam em torno de problemas e de projetos de ação e não em torno de conteúdos acadêmicos (NÓVOA, 1991, p. 30).

Toda ação instiga a reação. Programas de Formação Continuada surgem em prol do aperfeiçoamento de práticas pedagógicas significativas, para que os professores assistidos possam adquirir maior grau de segurança ao lidar com novas situações advindas, inevitavelmente, com as mudanças sociais e globais que acabam por influenciar e transformar a rotina de toda comunidade escolar. Deste modo, Shimbara (2011, p.7) expõe uma visão acerca da aprendizagem docente, "tem-se a ideia de que não existem conhecimentos e soluções destinados a cada situação, mas o profissional deve saber como agir em determinados momentos praticando o processo de reflexão". Inclusão digital, atendimento educacional especializado, educação de jovens e adultos, tudo isso é fruto da emancipação educativa e por trás destas transformações encontra-se o professor, indivíduo o qual necessita de atenção para poder expressar sua voz, suas concepções e aspirações diante o seu majestoso empenho profissional.

Todas as considerações, apresentadas até agora, indicam a necessidade de se estabelecer um respaldo ao professor sobre seu posicionamento crítico acerca dos acontecimentos que o envolve, além de trazer à tona quais são suas pretensões futuras sobre sua atuação diante desses fatos.

OS DESAFIOS DA FORMAÇÃO CONTINUADA

Um grande equívoco que o docente possa vir a cometer é estabelecer que a Formação Continuada, como um processo de aperfeiçoamento individual, transmita conhecimentos singulares e que estes venham a torna-lhe uma espécie de "referência pedagógica" diante dos demais profissionais, os quais ainda não ingressaram em tal processo. Assim, o principal intuito da Formação Continuada de um profissional da área da educação é conferir a ele a mensagem de partilha de saberes, partilha esta que deve ser difundida meio ao corpo docente, não taxando o profissional como fonte de instruções e sim como base à compreensão dos meios de transformação de práticas pedagógicas já identificadas como carentes de aprimoramento. Para tanto, Couto (2005) ressalta a pluralidade da aquisição do conhecimento formativo:

> A aprendizagem da docência caracteriza-se como uma aprendizagem plural, formada no amálgama de vários saberes, contextos e situações escolares, bem como na experiência pessoal e profissional, nos saberes das disciplinas, curriculares, da formação e da experiência. Estão presentes em qualquer modalidade de ensino – presencial ou a distância - no momento em que os professores conseguem partilhá-los com seus colegas a partir das informações, dos modos de fazer, organizar as aulas e selecionar o material – livros, jogos, histórias, filmes etc. (COUTO, 2005, p. 17).

Para tanto, inspirar-se em outrem a refletir sobre as formas de lecionar e, a partir disto, tentar mudar expressões metodológicas tradicionalistas, parece ser um obstáculo no processo da realização da Formação Continuada, conforme expressa Coimbra e Pires (2006):

> Uma prática repetitiva, mecânica, não favorece esse processo. Para que ele se dê é importante que essa prática seja capaz de identificar os problemas, de resolvê-los. As pesquisas são cada vez mais confluentes, que esta seja uma prática coletiva, uma prática construída conjuntamente por grupos de professores ou por todo o corpo docente de uma escola (COIMBRA, PIRES, 2006, p. 26).

Discernir que a Formação Continuada é um processo expressamente coletivo é a principal forma de orientar um candidato a ingressar em programas de pós-graduação instruindo-o acerca do que ele deverá adquirir durante sua jornada de estudos, para que, quando o mesmo conclua, possa identificar o real potencial de sua contribuição docente. A partir de então, começará a surgir às primeiras ideias que formularão as bases informativas necessárias para investidura da Formação Continuada do professor.

Outro aspecto, pertinentemente errôneo, é o fato de ver a jornada de estudos, proposto pelo programa de Formação Continuada, como ambiente fechado, na qual, ao inserir-se, devera-se, obrigatoriamente, cumpri-lo acima de tudo, inclusive do aspecto reflexivo. No que se refere a esta concepção, Hargreaves (2002), explana:

> Os professores não alteram e não devem alterar suas práticas apenas porque uma diretriz lhes é apresentada, e eles se sentem forçados a cumpri-las. Eles não podem evocar novas práticas a partir de nada ou transpô-las de imediato do livro didático para a sala de aula. Os profissionais necessitam de chances para experimentar a observação, a modelagem, o treinamento, a instrução individual, a prática e o feedback, a fim de que tenham a possibilidade de desenvolver novas habilidades e de torná-las uma parte integrante de suas rotinas de sala de aula (HARGREAVES, 2002, p. 114).

Para que o profissional da educação possa extrair o máximo da proposta pedagógica de programas de Formação Continuada, o mesmo deve, previamente, munir-se de informações que o oriente claramente sobre os aspectos pedagógicos que estarão por vir, para que não se perca seu principal foco em sua missão educadora, educar com qualidade meio a todas as atemporalidades.

O aprendizado adquirido nos programas de pós-graduação não deve ser guardado para si e sim, utilizados em prol daqueles que buscamos privilegiar com tantos esforços para possibilitar o melhor atendimento, o aluno. Assim como os momentos em que os professores se reúnem, propostos pela gestão escolar, para se discutir sobre uma temática demandada no ambiente escolar, e até mesmo, especificamente, sobre um aluno que apresenta o comportamento fora dos padrões que se esperam, os conhecimentos compartilhados no grupo devem ganhar todos os espaços escolares.

FORMAÇÃO CONTINUADA: COMPREENSÃO PARA A ATUAÇÃO

Atualmente, o público docente encontra-se, praticamente, dividido entre profissionais que já alcançaram e realizaram programas de Formação Continuada e aqueles que ao menos compreendem sua importância e objetividade. Trata-se da dissipação de informações de maneira parcial, na qual prevalece o acesso à informação de modo individual e não coletivo.

Abordando a este respeito, Souza (2007) relata:

> [...] de um lado temos a crescente demanda dos educadores para compreender o que pode ser reconhecido como um bom ensino e, de outro, a percepção dos educadores de que a Formação Continuada de Professores, em diferentes instâncias do saber e da cultura, já há algum tempo vem sinalizando a necessidade da valorização e qualificação dos professores e professoras (SOUZA, 2007, p. 33).

Em conformidade aos processos de Formação Continuada de professores, Masetto (1994) aponta:

> Inquietação, curiosidade e pesquisa. O conhecimento não está acabado; exploração de seu saber provindo da experiência através da pesquisa e reflexão sobre a mesma; domínio da área específica e percepção do lugar desse conhecimento específico num ambiente mais geral; separação da fragmentação do conhecimento em direção ao holismo, ao inter- relacionamento de saberes, a interdisciplinaridade; identificação, exploração e respeito aos novos espaços de conhecimento (telemática); domínio, valorização e uso dos novos recursos de acesso ao conhecimento (informática); abertura para uma formação continuada (MASETTO, 1994, p. 96).

A necessidade de adquirir novos saberes deve ser a inquietude que um professor deve sentir para instigar a busca pelo aperfeiçoamento de suas habilidades docentes em sala de aula, assim como, para encorajar seus alunos a buscar o conhecimento e não estarem satisfeitos com os resultados, e sempre continuar insistindo por mais conhecimento.

Todos os pressupostos, apresentados neste estudo, formam o conjunto de conhecimentos que professores detentores da Formação Inicial devem lançar mão rumo à construção de uma carreira concreta base à aquisição de experiências extraclasse repleta de novas possibilidades, propondo-se a identificar ensejos benéficos e resistência que possam ser superadas em prol da melhoria de suas práticas pedagógicas, através de questionamentos às políticas públicas educacionais que abordam desde aspectos relativos à Formação Inicial à Continuada.

CONSIDERAÇÕES

A Formação Continuada dos profissionais do magistério é assunto que deve sempre estar presente em discussões acerca do desenvolvimento e aperfeiçoamento da docência, o qual propicia, continuamente, a valorização da identidade profissional. O discurso deve pautar-se tanto nas ofertas de cursos de pós-graduação quanto da qualidade do projeto pedagógico dos cursos.

É notória a falta de intenção das gestões de escolas públicas, ou mesmo do desconhecimento das orientações acerca da promoção de Formação Continuada, que inclusive, deve estar descrito nos projetos políticos pedagógicos de todas as instituições escolares e disponibilizadas a todos que desejem acessá-lo.

A partir do estudo, identificou-se que a Formação Continuada exerce grande influência sobre as práticas pedagógicas e, consequentemente, sobre a construção da formação da identidade docente no que se refere à contínua atualização de seu perfil profissional, atribuindo-lhe o papel de formador do discente em cidadão crítico, para que possam desempenhar condutas de bom caráter com referência ao período escolar, obviamente, estabelecidas em parceria com a família.

O papel das políticas públicas deve ser acionado diante à carência de se desenvolver determinadas localidades e regiões da nação, onde a formação continuada de professores se configure como uma das mais relevantes etapas de sua vida profissional, a qual envolve, paralelamente, aspectos procedentes das práticas pedagógicas em contrapartida aos conceitos teóricos adquiridos em formação inicial, onde o professor, meio a tudo isso, desempenha sua rotina diária diante de situações que envolvem inúmeros aspectos a serem considerados, como seu conhecimento de mundo, o engajamento com outros profissionais, gestão e administração, contextos históricos-sociais, políticos e culturais.

Considerada a base da formação continuada, a escola, assim como o discente, deve ser sempre referenciada meio às discussões pedagógicas: empenho gestor e administrativo, oferta de materiais didáticos e paradidáticos, disponibilidade de equipamentos de pesquisa e a manutenção desses. Sem um ambiente de ensino valorizado, as contribuições advindas da formação continuada pouco farão efeito, haja a vista a necessidade de sempre estar atualizando-se meio às mudanças de comportamento e desenvolvimento social.

A formação acadêmica para pedagogos, assim como, para as licenciaturas, é estruturada em uma base teórica necessária para formar a personalidade profissional daquele que se gradua, todavia, deixa de lado, muitas vezes, as reais necessidades que serão duramente cobradas na prática do dia a dia escolar.

Os corredores da escola, as salas de aula e todos os espaços de convivência são ocupados por alunos de culturas e crenças diversas, de realidades frágeis e vulneráveis e de um tempo para cá, de alunos com as mais diversas especialidades que requer atenção redobrada do professor, que durante o seu processo formativo, não foi oportunizado aprender e/ ou aperfeiçoar técnicas para o atendimento a diversidade. Ficando notória a falta de preparo e condenando a qualidade do ensino em nosso país.

Os resultados do estudo revelaram o quão necessário se faz o acesso à Formação Continuada, onde professores têm ao seu alcance cursos de desenvolvimento intelectual, instrutivo e pragmático. Nessa perspectiva, programas de formação continuada devem ser promovidos e circulados em meio acadêmico, a fim de atrair o público docente à ingressão desses, e ofertados preferencialmente de forma gratuita e sem tantas burocracias para o ingresso destes profissionais.

O principal propósito da formação continuada na vida de professores é estabelecer a concepção de que sempre é possível aprender, independentemente do atual grau de instrução acadêmica, ele deve buscar seu aperfeiçoamento diante das inúmeras formas de acesso, seja através de cursos oferecidos através das ações de políticas públicas quanto da iniciativa privada.

Atualmente o docente tem a sua disposição o subsídio da internet, a qual é uma das inúmeras ferramentas de auxílio a sua formação e dissipação do saber. A formação continuada também deve ser compreendida como a iniciativa do docente em aperfeiçoar suas habilidades profissionais adquiridas em fase inicial (formação inicial), onde este busca por melhorias que lhe sirvam como elemento de compreensão das constantes mudanças das relações sociais, além de estabelecer as competências de sua identidade profissional.

REFERÊNCIAS

BRANCO, Cristina. *Formação continuada de professores:* focalizando a relação teoria e prática (2007). Disponível em: http://www.gestaoescolar.diaadia.pr.gov.br/arquivos/File/producoes_pde/artigo_cristina_branco.pdf. Acesso em: 23 maio 2019.

COIMBRA, Adriana Angélica; PIRES, Tamara Cristina Metre Teixeira. *Formação da identidade do professor das séries inicias do ensino fundamental.* Brasília, DF: Centro Universitário de Brasília – UniCEUB, 2006.

COUTO, Maria Elizabete Souza. *A aprendizagem da docência de professores em curso de formação continuada na modalidade a distância.* UNESP - Universidade Estadual Paulista - Pró-Reitora de Graduação. VIII Congresso Estadual Paulista Sobre Formação de Educadores, 2005.

DENZI, Norman. K; LINCOLN, Yvonna. S.; e Colaboradores. *O planejamento da pesquisa qualitativa:* teorias e abordagens. 2. ed. Porto Alegre: Artmed, 2006.

FRANCHI, E. P. A insatisfação dos professores: conseqüências para a profissionalização. *In*: FRANCHI. E. P. (org.). *A causa dos professores.* Campinas: Papirus, 1995.

GRANVILLE, Maria Antônia. *Teorias e práticas na formação de professores.* Campinas, SP: Papirus, 2007.

HARGREAVES, A. *Aprendendo a mudar*: o ensino para além dos conteúdos e da padronização. Porto Alegre: Artmed, 2002.

HERBST, Fabiane Rossato Manfio. As concepções dos gestores educacionais sobre a formação continuada de professores. Santa Maria – Universidade Federal de Santa Maria, Rio Grande do Sul, 2006. *In*: FRANCHI. E. P. (org.). *A causa dos professores.* Campinas: Papirus, 1995.

NÓVOA, Antônio. Concepções e práticas da formação continuada de professores. *In*: A. NÓVOA (org.). *Formação contínua de professores:* realidade e perspectivas. Aveiro: Universidade de Aveiro, 1991.

PENIN, S. *A aula:* espaço de conhecimento, lugar de cultura. São Paulo: Papirus, 1994.

RIVAS, Noeli Prestes Padilha; PEDROSO, Cristina Cinto Araujo Pedroso; LEAL, Maria Alejandra Iturrieta; CAPELINI, Helena de Andrade. *A (re) significação do trabalho docente no espaço escolar*: currículo e formação. Universidade de Ribeirão Preto - UNAERP e Faculdade de Filosofia Ciências e Letras - USP – RP. Ribeirão Preto - São Paulo, 2007.

SHIMBARA, Anne Akemi. *Vida Escolar e Formação Continuada de Educadores:* uma perspectiva teórica. São Carlos-SP: Universidade Federal de São Carlos, 2011.

SOUZA, Régis Luíz Lima de. *Formação continuada de professores e professoras do município de Barueri:* compreendendo para poder atuar. São Paulo: USP, 2007.

TOZETTO, Susana Soares. *Docência e formação continuada.* XIII Congresso Nacional de Educação – EDUCERE, Pontifícia Universidade Católica do Paraná, Curitiba – Paraná, ISSN 2176-1396, 2017.

WENGZYNSKI, Danielle Cristiane; TOZETTO, Soares Suzana. *A formação continuada face as suas contribuições para a docência.* IX Seminário de Pesquisa em Educação da Região Sul – ANPEDSUL, 2012.

CAPÍTULO II

OS DESAFIOS DA INCLUSÃO ESCOLAR DE ALUNOS COM DEFICIÊNCIA NÃO DIAGNOSTICADOS

Sônia Maria de Lima

(Doutoranda em Ciências da Educação - FACSIDRO)

> *Problemas conceituais, desrespeito a preceitos constitucionais, interpretações tendenciosas de nossa legislação educacional e preconceitos distorcem o sentido da inclusão escolar, reduzindo-a unicamente à inserção de alunos com deficiência no ensino regular. Essas são, do meu ponto de vista, grandes barreiras a serem enfrentadas pelos que defendem a inclusão escolar [...].*
>
> MARIA TERESA EGLÉR MANTOAN

A prática pedagógica exige do docente a análise rigorosa de múltiplos aspectos comportamentais do público com o qual estabelece contato contínuo, para que se possam identificar possíveis irregularidades relativas às expressões e manifestações do pensamento do aluno, quanto ao que se refere ao seu nível de compreensão acerca do que lhe fora ensinado e, a partir de tal averiguação, o docente poderá estabelecer e guiar, de maneira conjunta, condutas adequadas que viabilizem o processo de ensino-aprendizagem de forma direcionada, harmônica, progressiva e significativa para a vida daqueles que compõem o contexto escolar.

Na hipótese da identificação de dificuldades no processo de aprendizagem em determinados alunos, seja através da contínua falta de concentração, atenção, paciência e tolerância quanto aos conteúdos e abordagens metodológicas propostas em sala de aula, é de suma importância que o professor acione as instâncias que compõem a equipe pedagógica como, por exemplo, coordenadores, gestores e psicopedagogos para que, juntos, possam orientar pais e responsáveis quanto à necessidade que tais alunos possuem de um acompanhamento médico especial, em prol da confirmação de determinada irregularidade na constituição física e mental de tais alunos.

Na medida com que tal direcionamento é realizado, e o atendimento proporcionado, a tendência com que as citadas dificuldades de aprendizagem, enfrentadas pelos alunos, serão amenizadas, onde o professor terá ao seu alcance a compreensão dos limites físicos e cognitivos prescritos em perícia clínica. No entanto, muitos dos alunos que expressam evidentes dificuldades de aprendizagem eventualmente não possuem laudos clínicos que constatam e comprovem tais intermitências.

O trabalho pedagógico com alunos com deficiência sem laudo clínico é um direito assegurado, no entanto, essa segurança legislativa não alcança plenamente a parte pedagógica do processo de acolhida e assistência para o aluno com deficiência, pois o que tange a profissionalização e especialização do profissional de sala de aula regular depara-se com a falta de políticas públicas, no que se refere á promoção da formação continuada que lhe garantiria a compreensão, mínima, dos processos a serem desenvolvidos com tais especificidades patológicas.

Para tanto, o presente estudo discorrerá sobre as implicações pedagógicas estabelecidas no processo de ensino--aprendizagem de alunos nitidamente com deficiência, mas desprovidos de laudo clínico, o que implica na investigação dos termos legais para o que tange os procedimentos mais adequados em prol de um trabalho pedagógico com maiores chances de êxito e controle de eventuais alterações comportamentais em ambiente escolar.

CONTEXTUALIZANDO INCLUSÃO E ENSINO

A Inclusão é uma das etapas do processo evolutivo da inserção da pessoa com deficiência em contextos em que se desenvolvem as relações sociais. Superando-se as etapas de exclusão, segregação e integração. Sob a concepção da inclusão, a escola torna-se o espaço propício à prática das relações que serão amadurecidas para práticas futuras em família, trabalho e sociedade, onde tal ambiente proporciona o engajamento coletivo entre crianças, jovens e adultos em processo de escolarização, ou seja, a escola é tida "para todos", sem discriminação de gêneros, raça, religião ou etnia, mas, sim, a integração de todas em uma união conjunta e recíproca.

Mantoan (2003) apresenta a questão do processo de inclusão escolar:

> Embora a inclusão seja uma prática recente e ainda incipiente nas nossas escolas, para que possamos entendê-la com maior rigor e precisão, considero-a suficiente para questionar que ética ilumina as nossas ações na direção de uma escola para todos (MANTOAN, 2003, p. 19).

Conforme exposto no excerto, a inclusão escolar, bem como a social, de modo geral, parte da concepção de ética e respeito para com indivíduos desprovidos de suas habilidades de desempenho físico e cognitivos plenos, onde a aceitabilidade e inclusão desses indivíduos, em contexto escolar, não devem ser traduzidas como piedade por suas condições humanas, mas, sim, de poder envolvê-los nos processos de ensino-aprendizagem, onde todos possam aprender uns com os outros a partir de seu melhor, mesmo aqueles com deficiência severa múltipla podem contribuir para a formação de indivíduos críticos quanto à existência humana e suas mais diversas expressividades vitais.

De acordo com a Associação Americana de Deficiência Mental (AAMD), no mínimo, a presença do aluno com deficiência em sala de aula será base à formação da conscientização dos demais estudantes, a respeito das condições humanas, sem que esta conjuntura educacional acarrete aspectos de natureza repulsiva ou de superioridade entre as partes envolvidas, havendo a necessidade de o profissional da educação saber lidar e correlacionar situações onde os alunos possam realizar reflexões críticas quanto à necessidade de se admitir, respeitar e conviver com pessoas com deficiência, seja na escola ou em outros ambientes. Assim, a AAMD apresenta a concepção acerca das deficiências complexas em contexto escolar.

> SEVERO: As pessoas portadoras de deficiência mental de nível severo apresentam pouco desenvolvimento motor e mínimo desenvolvimento de linguagem. Poderão contribuir apenas parcialmente para sua subsistência. PROFUNDO: As pessoas com a deficiência nesse nível têm um retardo intenso e a capacidade sensorial motora mínima. Mesmo, com suas dificuldades há possibilidades de adquirirem hábitos de cuidados pessoais, através de programas de "condicionamento operante" (AAMD, 2002, s/p).

A dimensão que envolve a inclusão de alunos com deficiências múltiplas em sala de aula, mais ainda sem laudo clínico, implica na existência de profissionais especializados e familiares no cotidiano escolar, notoriamente, a frequência desses alunos pode ser alternada aos procedimentos de saúde. No cotidiano escolar, as atividades que envolvem a inclusão desses alunos parte da exposição oral e da expressividade física dos professores e demais alunos, sem que estes venham a se sentir desconfortáveis com a presença de colegas deficientes, mas que possam interagir com o que tiverem ao seu alcance, na tentativa de familiarizar-se com as condições dos colegas e amenizar situações de rejeição em futuras relações sociais, dentro ou fora do contexto escolar.

Vale salientar, ainda, que a presença de alunos, ditos especiais, devem ser comunicadas aos pais e responsáveis de todos os alunos da turma/escola em momentos oportunos como, por exemplo, encontros de pais e mestres, para que todos possam saber da coexistência entre alunos sadios e alunos com deficiência nos mesmos espaços de ensino.

Segundo Alonso (2010 *apud* LOPES, 2010), a inclusão de alunos com deficiências severas pode ser orientada a:

> [...] nesses casos, a inclusão dá mais resultado se as famílias são informadas em encontros com professores e gestores. "Isso porque as crianças passam a levar informações para casa, como a de que o colega usa fralda ou baba. E, em vez de se alarmar, os pais poderão dialogar" (ALONSO 2010 apud LOPES, 2010, s/p).

A partir da orientação dos coordenadores e gestores escolares aos pais e responsáveis de que determinadas turmas possuem alunos com deficiência estes poderão ser apresentados à discussão da conscientização sobre inclusão e de que os demais alunos podem conviver, no limite do possível, com todos os demais, independentemente das habilidades e competências que cada um possua.

OS RISCOS DA HOMOGENEIZAÇÃO PRESUNTIVA

O fato de constatar alunos que apresentam tendência à determinada deficiência ou transtorno, o educador não deve precipitar-se na tomada de decisões que não envolvam as contribuições dos familiares dos alunos e dos demais membros da equipe pedagógica, haja vista que, presunção de que um aluno possua uma dificuldade de aprendizagem e que esta não foi constatada por laudo pode implicar na orientação equivocada de uma abordagem que não surtirá o efeito esperado para o trabalho especial, havendo a necessidade de intervenção das ações do serviço social para que se possam orientar os procedimentos adequados para que se viabilize o trabalho pedagógico de modo a garantir a mínima possibilidade de alcance dos objetivos propostos para o ensino.

Em Oliveira e Toscano (2012):

> Partindo de premissas equivocadas ou insuficientes, de diagnósticos aligeirados, a identificação das dificuldades de aprendizagem e consequentemente os encaminhamentos dados, perdem consistência tanto em sua prevenção quanto na sua reparação por parte da escola. Este processo faz com que as dificuldades de aprendizagem continuem sendo vistas, na maioria dos casos, como um problema localizado no aluno, o que ignora sua produção no cotidiano escolar (OLIVEIRA, TOSCANO, 2012, p. 5).

Um diagnóstico aleatório acerca das expressões de aprendizagem de alunos pode sequenciar uma série de incongruência e acabar prejudicando, mais ainda, a real natureza das dificuldades que este possa ter. Todavia, deve-se levar em conta o discernimento entre problema de aprendizagem e deficiência propriamente dita.

Na tentativa de nortear um princípio reflexivo, Andrada (2003) expõe:

> Qual o significado dos termos aluno com problema "ou" dificuldade de aprendizagem? São várias as possíveis respostas, várias as possíveis construções de significado acerca dos termos, sem que uma seja mais verdadeira que outra. Assim, não podemos previamente acreditar que alunos são problemas ou que famílias são desajustadas, ou que professores são autoritários. Precisamos ver um "quebra-cabeças", as partes e o todo! (ANDRADA, 2003, p. 15).

Na tentativa de ajudar, pedagogicamente, o aluno com deficiência, mas sem laudo que classifique sua especificidade, professores devem ser cautelosos quanto às abordagens metodológicas traçadas para melhor aproveitamento e rendimento desses alunos, onde a prática do ensino-aprendizagem seja composta por tentativas de estratégias, onde o professor possa identificar aquela com maior aceitabilidade de condução, sim, haja visto que, mesmo o aluno sendo amparado por um laudo, tal documento não compreenderá cem por cento as necessidades e indicações pedagógicas a serem seguidas em sala de aula, sendo o professor o mediador entre as ações investigativas promovidas pela equipe pedagógica para sala de aula, como diálogos entre mestres, familiares e demais componentes escolares pertinentes ao referido processo auxiliador.

INCLUSÃO COM OU SEM LAUDO CLÍNICO

A ausência de um laudo clínico não deve implicar na matrícula do aluno, pois a este está assegurado o direito de matrícula em instituições de ensino público, bem como o

Atendimento Educacional Especializado, em espaço próprio e em contra turno ao período de ensino.

Mediante nota técnica, o Ministério da Educação (MEC) torna claro:

> Neste liame não se pode considerar imprescindível a apresentação de laudo médico (diagnóstico clínico) por parte do aluno com deficiência, transtornos globais do desenvolvimento ou altas habilidades/superdotação, uma vez que o AEE caracteriza-se por atendimento pedagógico e não clínico (BRASIL, 2014, p. 3).

Assim, conforme exposto, nenhuma instituição de ensino público ou privado pode impor a obrigatoriedade da apresentação de um laudo clínico do aluno por parte de seus familiares, haja vista que na constatação de que o aluno apresente demasiada dificuldade, quanto aos pressupostos de aprendizagem, este deve ser encaminhado para o AEE, amparado por profissionais especialistas, os quais deverão engajar atividades adequadas aos conteúdos programáticos do ensino regular e em contra turno.

Em suma, a referida nota técnica do MEC infere que a exigência de um laudo clínico irá expor pejorativamente o aluno por rotulá-lo com determinada "nomenclatura científica", evidenciando a brecha a possíveis práticas de *Bullying*.

> A grande diferença é que, a partir da nota técnica do MEC, essa interlocução clínico-escolar pode (e deve) acontecer sem ter de partir de uma "denominação de doença" que muitas vezes tem o efeito de discriminar a criança no próprio ato que seria para a sua inclusão! O "nome da doença"

> registrado no laudo muitas vezes também acaba sendo o único parâmetro que muitos educadores tomam para pensar a inclusão daquela criança. Não à toa circula em muitas escolas o termo "criança laudada", o que revela a contradição mesma desse mecanismo, que finalmente é considerado obsoleto (JERUSALINSKY, 2016, s/p).

A referida nota técnica presume a dispensa dos termos técnicos, constantes em laudos, para que o educador possa agir em relação à promoção das habilidades de aprendizagem dos alunos com deficiências ou transtornos, na tentativa de se evitar a deflagração de um cenário quantitativo, onde o aluno com deficiência seja visto de modo genérico ou taxado por sua deficiência.

A AVALIAÇÃO DA APRENDIZAGEM DOS ALUNOS SEM LAUDO CLÍNICO

De maneira geral, a avaliação da aprendizagem é um procedimento que requer a meticulosa atenção do docente a partir do que fora ensinado e mediante o nível de compreensão dos alunos e, a partir dessa analise, poder intervir com estratégia que viabilizem a superação das dificuldades. Não diferente, a avaliação do aluno com deficiência, o professor da sala regular, bem como o da sala de AEE, devem articular propostas de avaliação que estejam embasadas às especificidades limitadoras encontradas.

Uma das alternativas referentes à avaliação da aprendizagem de alunos com deficiência corresponde à avaliação formativa, a qual requer a reflexão do professor acerca das possibilidades de ascensão do processo formativo, onde, dependendo do grau da dificuldade psicomotora do aluno, o professor poderá realizar intervenções pedagógicas que associem determinados conteúdos às habilidades dos alunos.

No que tange a inserção de alunos com deficiência, sem laudo clínico, e aqueles com demasiado grau de dificuldade de aprendizagem é a realização de uma avaliação prévia, isto é, inicial, a qual, segundo o MEC/Inep (2014):

> A avaliação inicial e o parecer pedagógico do professor do Atendimento Educacional Especializado ganham relevância e passam a sustentar o processo decisório sobre o ingresso do aluno no serviço, bem como, sua inserção como aluno do público alvo da educação especial no Censo Escolar (BRASIL, 2014, s/p).

Deste modo, torna-se instrutivo a realização de uma avaliação prévia e diagnóstica para que se possa admitir o aluno com dificuldades de aprendizagem no AEE, para que, a partir de então, possa-se estabelecer propostas de ensino adequadas à natureza de suas dificuldades.

Nas palavras de Mendes *et. al.* (2018):

> A escola deve atender todos os alunos, com e sem deficiência, e avaliação escolar nesse processo de inclusão viabiliza a transformação da escola e das práticas pedagógicas, corroborando para que de fato todos tenham o acesso à educação, que permaneçam e tenham um aprendizado significativo e socializador (MENDES et al., 2018, p. 1).

De fato, a escola é lugar de direito de todos os alunos, incondicionalmente. No entanto, a oferta desse atendimento acaba divergindo em pesos e valores desiguais, haja vista a própria precariedade da oferta da educação básica marcada às entranhas do poder público nacional. Oferecer um AEE com todas as suas possibilidades de atendimento, paralelamente, a oferta da educação básica acaba por desnivelar a proposta de igualdade para todos, pois determinado atendimento acaba superando outro e vice-versa.

CONSIDERAÇÕES

A partir da análise crítica de fontes e de documentos oficiais, pertinentes à temática, o estudo traçou uma linha investigativa com viés à constatação de aspectos normativos pouco praticados, em instituições de ensino do país, quanto à inclusão da criança com deficiência, mesmo sem laudo clínico.

A problemática, aqui investigada, abriu espaço à discussão sobre as lacunas no processo de ensino-aprendizagem de alunos com deficiência sem laudo clínico, tanto ao que se refere às abordagens metodológicas quanto aos procedimentos de avaliação da aprendizagem. O professor, bem como a equipe pedagógica, deve preparar-se para o trabalho pedagógico com crianças com deficiência, onde o atendimento especializado seja uma proposta de apoio contínuo e ativo, engajados no compromisso de proporcionar uma proposta de ensino onde se identifique especificidades de natureza cognitiva quanto à promoção de estratégias que viabilizem o processo de ensino-aprendizagem em suas condições e possibilidades.

Para tanto, aspectos relevantes como a não obrigatoriedade da apresentação de laudo clínico no momento de matrícula, a oferta de AEE e seus processos de admissão também foram constatados em nossa pesquisa de maneira a unir e clarificar tais procedimentos. Essas evidências indicam a necessidade de sempre professores, pais e demais membros da comunidade escolar aterem-se aos pressupostos normativos e legais em prol da conscientização dos processos formativos de alunos com deficiência, bem como garantir o acesso e permanência desses alunos mediante a efetiva consolidação dos pressupostos acerca da inclusão, ofertando-a como princípio da formação de uma sociedade cada vez mais compreensiva e menos repressiva.

Percebe-se que, atualmente, a escola, enquanto instituição de ensino abrangente, ainda é alvo de inúmeras incongruências, tanto ao que se refere à oferta da educação básica quanto sua respectiva qualidade. Muitos desses aspectos acabam refletindo nas formas de ensino, onde o professor deseja aplicar seus conhecimentos, em prol da promoção da aprendizagem, mas esbarra-se diante de impasses de natureza administrativa como, por exemplo, falta de estrutura de apoio educacional, didático e financeiro, deflagrando as lacunas do processo de ensino-aprendizagem e caracterizando a insatisfatória condição docente delimitada.

Diante de todo esse cenário ascendente, percebe-se que as determinações legais são impostas, independentemente, da viabilidade de serem cumpridas, sendo o professor da sala de aula regular o principal mediador entre as inferências utópicas e a concretização dos termos legais, meio às dificuldades enfrentadas nos mais diversos contextos escolares. Onde, nitidamente, um dos processos imprescindíveis à acolhida e acompanhamento do aluno deficiente dependeria da qualificação docente, através da formação continuada, todavia, essa proposta não é ofertada, regularmente, em escolas do país, ficando a cargo do professor buscar subsídios e fontes de informações oriundas e paralelas à sua prática pedagógica.

A partir dos dados coletados, evidencia-se uma inconstante imposição de normas e condutas que amparem o aluno com deficiência em prol do cumprimento de determinações superiores, porém, os aspectos qualitativos desse atendimento acabam deixando a desejar, pois conforme leis e decretos são impostos, os profissionais da educação ficam, muitas das vezes de mão atadas diante do atendimento ao aluno com deficiência: falta de informações, formações, subsídios teóricos e de infraestrutura, materiais didáticos e paradidáticos adequados e suas devidas orientações, dentre aqueles de natureza avaliativa do processo de aprendizagem quanto da própria formação docente.

Muitas das vezes o cumprimento dos aspectos qualitativos do processo de ensino-aprendizagem de alunos com deficiência, e das demais determinações legais, apresentam-se disfarçadas em corrimãos e rampas, evidenciando a adaptação física em prol da acessibilidade, porém, a averiguação da prática inclusiva requer uma análise minuciosa e orientadora, caso não se consiga atingir essa premissa investigativa, a "inclusão" será apresentada em forma fictícia, uma "fachada" que encobrirá práticas pedagógicas equivocadas e prejudiciais à formação discente.

Diante de todos os aspectos, aqui apresentados e discutidos, destaca-se o iminente colapso dos processos de ensino-aprendizagem de crianças com deficiência mediante a incongruente imposição do atendimento sem sua respectiva avaliação dos processos de capacitação e profissionalização docente, além dos elementos que compõem o ambiente de amparo e ensino de crianças com ou sem laudo clínico.

Quanto à especificidade da não obrigatoriedade do laudo clínico para admissão do atendimento especializado, sob a concepção de que ao identificar dificuldades e transtornos em alunos isso provocaria a associação pejorativa desses às suas especificidades especiais e, por conseguinte, possíveis práticas de *Bullying*, onde a criança com traços de deficiência apenas necessitaria de uma avaliação diagnóstica prévia que testasse suas habilidades e dificuldades. No entanto, essa proposta apresenta riscos ao estabelecimento de propostas metodológicas desassociadas às reais necessidades de aprendizagem dos alunos, isto é, faz-se necessário a articulação e a orientação familiar quanto à identificação médica de determinada patologia física e/ou mental que o aluno possa estar enfrentando e estabelecer condutas adequadas nas escolas para a receptividade e atendimento desses alunos, promovendo a inclusão de maneira significativa, onde situações de *Bullying* sejam evitadas através de propostas de conscientização daqueles que o pratica, seja alunos ou aqueles que se apresentam "profissionais" e acabam por disseminar o preconceito, discriminação e a intolerância para com pessoas com deficiência.

Infere-se, ainda, que o êxito das propostas de ensino também parte do trabalho em conjunto docentes, gestores e família, de maneira comprometida e não apenas funcional, com o intuito de organizar e melhor orientar as atividades pedagógicas a serem desenvolvidas com maior chance de sucesso para o desenvolvimento do aluno com deficiência, buscando concretizar, de maneira significativa, uma aprendizagem que possa servir de base às futuras práticas sociais.

O estudo acerca dessa temática amplia a discussão acerca das lacunas que ainda coexistem com as indicações de exercício pleno da docência e atendimento à criança com deficiência, os conhecimentos aqui produzidos servirão de base à cobrança por políticas públicas voltadas, especificamente, às politicas educacionais de inclusão escolar e, por mais que os pressupostos teóricos ainda não sejam postos em prática, conforme expressos na legislação vigente, é instigante poder promover pesquisas que busquem o pleno alcance dessa conjetura que há séculos busca por espaço de direito legítimo e igualitário.

O investimento de políticas públicas no setor da inclusão escolar deve ser difundido à nação de maneira a conscientizá-la quanto à necessidade de adequação e preparo profissional para receber e acompanhar alunos com deficiência com baixos ou extremos graus de dificuldades de aprendizagem, os quais, por muitas vezes e por falta de compreensão, são descriminados, marginalizados e excluídos do processo de aprendizagem.

Por fim, é possível consolidar o pensamento de que inclusão não se refere única e exclusivamente à inserção do aluno com deficiência no ambiente escolar e, sim, envolvê-lo em práticas pedagógicas regulares, explorando suas habilidades, mesmo que mínimas ou simplesmente existenciais e, para que isso aconteça como previsto nas determinações legais, faz-se necessário um empenho maior quanto à investigação do cumprimento de todos os aspectos qualitativos e quantitativos envolvidos no processo.

Assim, espera-se que este estudo desperte e estimule as comunidades escolares quanto ao desejo de promover uma prática pedagógica plena em sua função de ensinar e que os ambientes de ensino sejam, realmente, compostos por profissionais qualificados e preparados para o trabalho com alunos com deficiência, professores esses capazes, ainda, de lidar com a adversidade e atemporalidade que presumem e circundam as condições especiais e administrativas do ensino básico, sem que o aluno sofra qualquer tipo de reflexo negativo dos "bastidores" da educação normativa escolar.

REFERÊNCIAS

AMERICAN Association on Mental Retardation (1992). *Mental retardation:* definition, classification, and systems of supports. Washington, DC, USA: AAMR.

BRASIL, Ministério da Educação. Secretaria de Educação Continuada, Alfabetização, Diversidade e Inclusão. Diretoria de Políticas de Educação Especial. NOTA TÉCNICA Nº 04 / 2014 / MEC / SECADI / DPEE. *Orientação quanto a documentos comprobatórios de alunos com deficiência, transtornos globais do desenvolvimento e altas habilidades/superdotação no Censo Escolar.* Disponível em: http://portal.mec.gov.br/index.

php?option=com_docman&view=download&alias=1589 8-nott04-secadi-dpee-23012014&category_slug=julho-2014-pdf&Itemid=30192. Acesso em: 16 jun. 2019.

JERUSALINSKY, Julieta. *Inclusão sem laudo é um direito da criança!* Disponível em: https://emais.estadao.com.br/blogs/crianca-em-desenvolvimento/inclusao-sem- laudo-e-um-direito-da-crianca/. Acesso em: 15 jun. 2019.

LOPES, Noêmia. *24 respostas para as principais dúvidas sobre inclusão:* as soluções para os dilemas que o gestor enfrenta ao receber alunos com deficiência. Disponível em: https://gestaoescolar.org.br/conteudo/205/24-respostas-para-as- principais-duvidas-sobre-inclusao. Acesso em: 15 jun. 2019.

MANTOAN. Maria Teresa Eglér. *Inclusão escolar*: o que é? por quê? como fazer? / Maria Teresa Eglér Mantoan. São Paulo: Moderna, 2003.

MENDES, Márcia Cristiane Ferreira; TEOTÔNIO, Phabrícia de Carvalho; MOURA, Giovanna Barroca de. Avaliação escolar para alunos com deficiência intelectual no município de Guarabira – PB. *Revista Brasileira de Educação Básica – RBEB*, v. 3, n. 8, Abril-Junho 2018.

OLIVEIRA, Francismara Neves de; TOSCANO Carlos. *Aprender e ter dificuldades para aprender*: significações de professores e alunos envolvidos em programa de apoio a aprendizagem. IX Seminário de Pesquisa em Educação da Região Sul – ANPEDSUL, 2012.

CAPÍTULO III

DOCÊNCIA E TECNOLOGIAS MÓVEIS: CORROBORAÇÃO OU CONTRARIEDADE?

Jefferson Freire Peixoto

(Doutorando em Ciências da Educação)

> *A justificativa para o não aproveitamento do celular em sala é que os alunos, não prestam atenção nas aulas, prejudicando de sobremaneira o processo de aprendizagem dos mesmos. Por outro lado, será que a proibição do uso não impede que novas metodologias de ensino possam vir a surgir com o intuito de melhorar a própria aprendizagem dos estudantes?*
>
> MARLEY GUEDES DA SILVA

Como um dos assuntos pertinentes ao cotidiano do trabalho docente, o uso do celular em sala de aula ainda é assunto polêmico, apresentando divergência entre as opiniões de educadores de todo o país. Todavia, vale salientar que as tecnologias vêm ganhando espaço considerável no meio acadêmico e eximir-se dessa realidade pode tornar o processo de ensino-aprendizagem uma teoria de mão única, caracterizando-se como uma prática meramente tradicionalista e sem preocupação com os avanços ascendentes da sociedade. O trabalho docente deve ser direcionado à instrução e formação do cidadão crítico, portanto, em fase de educação básica, excluir as formas de relacionamento social, sejam essas através da tecnologia, gera frustração, haja vista o grande interesse do jovem atual em possuir um *Smartphone* que possibilite sua inserção em redes sociais.

A lei de diretrizes e bases da educação nacional Lei Nº 9.394 de 20 de dezembro de 1996, em seu primeiro artigo, inciso segundo, sinaliza a necessidade de vincular a educação escolar ao mundo do trabalho e à prática social, e sendo portador de um aparelho *Smartphone*, o aluno pode se inserir em redes sociais e por que não dizer, está se inserindo nos novos formatos do mundo do trabalho?

A importância de se abrir espaço na comunidade científica para tratar sobre essa temática possibilitará a ampliação da discussão sobre metodologias viabilizadoras do trabalho docente com o uso de tecnologias portáteis em sala de aula, sem que, com isso, fira a integridade do profissional da educação e, muito menos, dos alunos que dela faz uso. O trabalho docente deve respaldar-se sob as premissas teóricas que indiquem as contribuições do uso desses aparelhos em suas aulas, devendo este apropriar-se de um planejamento que envolva a expressividade didática dessa abordagem, contendo: justificativa, objetivos, contribuições ao aprendizado do conteúdo normativo, tudo isso através de uma linguagem clara e com vistas à aquisição do saber de forma interativa e instigante.

Assim, o presente estudo contribui para formação de novas concepções que contemplem os benefícios que o uso de *Smartphones* pode agregar ao desenvolvimento de um trabalho pedagógico preocupado com as necessidades de estratégias coerentes e eficazes em sala de aula.

ANALISANDO O USO DO CELULAR NO CONTEXTO ESCOLAR: BENEFÍCIOS E RISCOS

O grande aspecto de atratividade que aparelhos celulares oferecem aos usuários é a praticidade de acesso a inúmeras plataformas digitais de diferentes naturezas, gostos e interesses. Observando a indicação, torna-se claro que isso pode ser inadequado em ambiente escolar, o qual confere o uso de diferentes ferramentas didáticas, como livros, computadores, etc., gerenciados por profissionais autorizados, onde o uso autônomo do aparelho celular infere maior liberdade ao aluno em poder acessar ambientes virtuais, muitas das vezes, inapropriados ao que confere sua função em sala de aula.

Silva (2012) apresenta a impressão do uso de aparelhos celulares em sala, seguindo de uma interrogação que requer atenção:

> A justificativa para o não aproveitamento do celular em sala é que os alunos, não prestam atenção nas aulas, prejudicando de sobremaneira o processo de aprendizagem dos mesmos. Por outro lado, será que a proibição do uso não impede que novas metodologias de ensino

> possam vir a surgir com o intuito de melhorar a própria aprendizagem dos estudantes? (SILVA, 2012, p. 11).

Para chegarmos a uma resolução plausível acerca desse questionamento, faz-se necessário que o educador se posicione criticamente acerca das contribuições que tal ferramenta possa agregar as suas aulas. Este deve levar em conta alguns critérios, como: acessibilidade de internet no ambiente escolar ou não; se todos os alunos possuem tal aparelho; nível de criticidade dos mesmos para poder apresentar metodologias que envolvam o uso do celular (evidenciando se isso seria realmente aceito por eles), dentre aqueles critérios de ordem majoritária da instituição de ensino que permitam ou não o uso de tal ferramenta na escola.

Nas palavras de Rischbieter (2009) temos uma explanação acerca da utilidade de aparelhos celulares na escola para fins pedagógicos:

> A partir das diversas transformações tecnológicas o professor ganha novas formas de ensinar chamando a atenção de seus alunos para as informações a serem recebidas. Fazendo com que o professor saiba utilizar as possibilidades disponíveis. Dos laptops mais baratos aos telefones que fazem de tudo, surgem instrumentos, cada vez mais ao nosso alcance, que abrem novas perspectivas para a pesquisa, o transporte e consumo de bens culturais, a troca de mensagens e para atividade de autoria de todos os tipos. Resta saber se a escola saberá explorar essas possibilidades (RISCHBIETER, 2009, p. 56).

Conforme o excerto faz-se necessário existir uma linguagem harmônica acerca do uso de tecnologias móveis na escola, entre mestres e gestores, pois serão eles os orientadores das boas práticas, os alunos deverão adequar-se a elas, pois o processo de ensino-aprendizagem requer disciplina e o uso do celular não é exceção, o que o professor, enquanto agente intermediário do saber, deve ter em mente é a apresentação de propostas metodológicas que não firam o caráter atrativo do uso do celular, mas, pelo contrário, oriente o acesso consciente e proveitoso.

O trabalho docente com o uso de aparelhos celulares requer atenção redobrada, haja vista a intenção de descoberta de novas aprendizagens, os alunos podem desviar-se do real propósito da atividade e buscar suprir a desatenção com pesquisas inadequadas, cabendo ao professor orientar esse acesso, onde o mesmo possa ser desabilitado do uso do mesmo, dependendo do nível de impropriedade cometida, pois, segundo Prensky (2004):

> [...] como toda novidade, a internet (para citar apenas um dos meios digitais) ainda é usada sem limitações o que nos traz uma grande preocupação. É certo de que se trata de uma ferramenta que proporciona maravilhas além de auxiliar e potencializar a disseminação do conhecimento, mas devemos estar atentos, precavidos, orientando nossos alunos em como se protegerem das ameaças eletrônicas (PRENSKY, 2004, p. 1240).

Mesmo diante desse cenário desafiador (educação e tecnologia) o professor deve encarar a situação de forma reflexiva e não apenas apontando pontos negativos e/ou positivos, o qual deve experimentar para que se possa gerar um posicionamento realístico sobre o que se ganha ou se perde lançando mão dessa abordagem didática, afinal, todo processo de ensino-aprendizagem requer estímulo, nunca é um processo concebido sem dificuldades. A ideia de inserção da tecnologia nos processos educacionais instaura a renovação de hábitos educacionais, muitas das vezes, obsoletos, mas que compõe e caracterizam a zona de conforto do educador, onde o desafio, muitas das vezes, também é taxado como infrutífero ou inadequado pelo simples fato de requerer reflexão, sem dar a oportunidade da experimentação.

Independentemente das determinações legais e normas escolares, o fato é que as tecnologias móveis estão cada vez mais sendo introduzidas no ambiente escolar e acabam por gerar impasses, quanto ao seu uso, contribuições e consequências positivas e/ou negativas, ou seja, produzindo uma dicotomia conceitual expressamente complexa de se lidar por parte dos profissionais de ensino, pois remanejar metodologias que envolvam tais aparelhos torna-se obstáculos em inúmeras propostas pedagógicas de ordem técnica e didática.

Diante dessa situação emergente, torna-se necessária a qualificação de profissionais envolvidos em uma formação de caráter informativo e conscientizador, propondo novas perspectivas para o trabalho docente em conformidade com expressões da atualidade, haja vista, ainda, que cada comunidade possui suas particularidades quanto à formação do caráter dos filhos/alunos, observando o contexto familiar, por exemplo, no que se refere à permissão do porte e uso desses aparelhos em ambiente escolar.

O PROFESSOR E AS NOVAS TECNOLOGIAS MÓVEIS

O educador, enquanto instrutor do avanço do aprendizado, conhece o potencial do aparelho celular e de sua funcionalidade. Porém, o mesmo pode hesitar em usá-lo diante ao desafio do controle em massa, pois a rede de internet é aberta de inúmeras maneiras, qualquer um pode abri-la. Nesse tipo de situação, especificamente, o professor poderá interagir com o professor/monitor do Laboratório de Informática da instituição de forma a monitorar o acesso dos conteúdos e identificar qual (ais) não seguiram as instruções prévias à realização das atividades online.

As atuais práticas docentes deparam-se com a polêmica temática sobre a utilização de aparelhos celulares (*Smartphones*). Na prática, a polêmica se deflagra diante da assincronia entre ensino tradicionalista com a modernidade e avanços tecnológicos que, inevitavelmente, ultrapassam as barreiras da sala de aula, onde a boa administração desses equipamentos seria uma possível alternativa para engajar entretenimento e ensino.

As tecnologias móveis se apresentam como um grande elemento provedor de dados instantâneos: informação, traduções, partilha de dados, convites, formações de grupos, dentre outras características. O professor deve ser amigo da tecnologia, sabendo explorar esses recursos em sala de aula para que não perca seu lugar de direito.

Segundo Moran (2000):

> A aquisição da informação, dos dados, dependerá cada vez menos do professor. As tecnologias podem trazer, hoje, dados, imagens, resumos de forma rápida e atraente. O papel do professor – o principal papel – é ajudar o aluno a interpretar esses dados, a relacioná-los, a contextualizá-los (MORAN, 2000, p. 29).

Nada mais gratificante do que um professor ser reconhecido como "legal" não apenas por permitir o uso de aparelhos celulares em sala de aula, mas saber orientar seus alunos a extrair o máximo do melhor de tais equipamentos.

Diante do emergente cenário educacional, repleto de desafios e incongruências, surgem questões como: O que deve ser adaptado? O sistema às novas tecnologias? Os alunos às determinações escolares? Ou a associação entre os elementos tecnológicos e os interesses particulares dos alunos. Para tentar responder essas questões, faz-se necessário a reflexão profunda por parte de especialistas da área, bem como da contribuição do poder público em oferecer condições, plausíveis, para se oferecer um ensino-aprendizagem com condições viáveis de serem aplicadas estratégias, diferentes metodologias, dentre outras abordagens que chegassem a contribuir na diminuição ou cessação da problemática em questão.

A ESCOLA E AS NOVAS TECNOLOGIAS MÓVEIS: DO APARATO À MANUTENÇÃO DAS PRÁTICAS PEDAGÓGICAS

Para que se possa estabelecer um trabalho eficazcom o uso do celular em sala de aula, a gestão escolar deve desenvolver uma política instrucional que assegure o direito de professores e alunos a fazer o devido uso dessa prática de forma indiscriminada. No entanto, tal gestão também deve garantir a execução dessa prática de maneira viável, garantindo a manutenção do acesso à internet, seus níveis de qualidade e monitoramento.

Para Imbernón (2000):

> A instituição que educa deve deixar der ser um lugar exclusivo em que se aprende apenas o básico (as quatro operações, socialização, uma profissão) e se reproduz o conhecimento dominante, para assumir que precisa ser também uma manifestação de vida em toda sua complexidade, em toda sua rede de relações e dispositivos com uma comunidade, para revelar um modo institucional de conhecer e, portanto, de ensinar o mundo e todas as suas manifestações (IMBERNÓN, 2000, p. 9).

No que tange a função da escola meio às tecnologias que a ronda, encontra-se o papel de fazer com que seja inserido em tal espaço práticas transformadoras advindas dos processos sociais, haja vista estar formando indivíduos em seu ambiente para que sejam habilitados a compreenderem a transformação social e atuarem como agentes ativos desse processo e não apenas observadores.

A complexidade educacional vivenciada por inúmeras instituições de ensino do país é reflexo do avanço tecnológico sem precedentes que evidencia as premissas de uma desorganização dos setores sociais e, em especial, ao da educação, onde o trabalho cuidadoso sobre os benefícios e malefícios gerados pelas tecnologias móveis em sala de aula está sendo negligenciado, tornando a restrição uma determinação displicente e obstinada pelos estudantes.

Um dos grandes impasses, hoje, na educação brasileira são a portabilidade e acessibilidade de aparelhos conectados à internet e suas mais variadas expressões de exposição imagética pelos jovens da atual geração "*Alpha*", isto é, uma geração mais interativa com novas propostas de entretenimento virtual, oportunizando sincronia com outros indivíduos na oferta de jogos, ambientes de bate-papo, compartilhamento de imagens, vídeos e áudios compartilhados de maneia atrativa e gerando grande repercussão. Diante isso, a sala de aula se apresenta prostrada diante do universo interativo do aluno ao se deparar com um ambiente fechado, envolvido em práticas tradicionalistas, demasiadamente centralizadas na escrita copiada da lousa.

Nota-se que, a escola não conseguiu acompanhar o avanço tecnológico de forma a agregar os benefícios que tal avanço tem a oferecer. No entanto, essa situação não é recente, desde as últimas décadas, o sistema educacional brasileiro vem demonstrando assincronia referente à adaptação de propostas de ensino, desde as políticas públicas de inclusão digital e deficiências à atual Base Nacional Comum Curricular (BNCC). O cenário torna-se, gradativamente, abandonado e displicente, transmitindo aos jovens a sensação de incongruência, desinteresse e repulsa.

Os *softwares* educacionais, por exemplo, são de suma importância no desenvolvimento de uma educação coerente com aspectos de natureza sociais e contextuais, haja vista que o jovem de hoje em dia tem maiores possibilidades de saber utilizar tais instrumentos, todavia, vale salientar a necessidade de se observar aspectos relativos a disponibilidade e porte deste pelos alunos. Um trabalho pedagógico coerente e engajado com o máximo de elementos informativos possibilitará uma prática com maiores chances de êxito no processo de ensino- aprendizagem. Essa conjuntura implica em inferir que esse tipo de metodologia deve ser supervisado na tentativa de se produzir um ambiente de acesso seguro para que os alunos possam ter em mãos informações de qualidade, a partir de fontes fidedignas, além de um espaço para interação e compartilhamento de informações referentes ao seu aprendizado.

A proposta dessa extensão virtual de ensino é favorável, por exemplo, à realização de atividades onde suas resoluções possam partir tanto do conteúdo de materiais didáticos quanto da própria explanação dos professores, oportunizando a realização de exercícios de múltipla escolha, produção de textos, dentre outras atividades condizentes à plataforma ofertada, onde professores e coordenadores possam oferecer acesso ao material de apoio ou, até mesmo, a apresentação de tais exercícios ao término dos mesmos, bem como o próprio envio das atividades para correção posterior *feedback*.

Com um público de aproximadamente 48 milhões de estudantes matriculados na rede pública de ensino (BRASIL, 2018), os educadores do país devem se apropriar das habilidades de ensino virtual em prol da preparação dos conhecimentos e competências dos futuros alunos do ensino a distância, tendo em vista uma educação cem por cento via EaD.

O exercício da docência, também, deve ser um processo de aprendizado e aperfeiçoamento, pois os educadores precisam atualizar-se quanto às novas abordagens metodológicas que batem á porte, não devem temê-las, pois abdicá-las será comprometer o futuro das futuras gerações.

CONSIDERAÇÕES

A presente pesquisa oportunizou a discussão sobre o uso do aparelho celular, especificamente o *Smartphone*, na sala de aula enquanto ferramenta de apoio ao processo de ensino aprendizagem. Foram identificados aspectos que devem ser levados em consideração no momento de julgar, criticamente, essa abordagem, onde se faz necessário refletir sobre toda uma conjuntura de elementos que podem favorecer tanto o trabalho pedagógico quanto as habilidades cognitivas dos alunos, meio às perspectivas investigativas, discursivas, dentre outras.

Trabalhar as tecnologias móveis em sala de aula também é uma discussão sobre as habilidades do profissional da educação em saber lidar com as mesmas, pois diante de propostas que indiquem tal uso nem todos estarão habilitados e, infelizmente, dispostos a fazer acontecer.

Uma ação conjunta de conscientização, entre docentes, gestores e comunidade escolar deve acontecer em prol da apresentação de justificativas plausíveis quanto à inserção de estratégicas pedagógicas em meio educacional, para que se evite a ocorrência da má interpretação que indique negligência e/ou irresponsabilidade por parte da escola, pois a orientação deve se fazer presente do início ao final de qualquer nova tentativa de inovação do saber.

Nos dias de hoje, torna-se inevitável conviver com as novas tecnologias da informação e comunicação, atreladas aos aparelhos móveis. Sem sombra de dúvidas essas ferramentas vieram para ficar e podem ser fonte de inúmeras atividades, não apenas de entretenimento, mas, também, educacional. No entanto, para que tais ferramentas possam ser bem administradas em meio educacional ainda se carece de uma formação que prepare e habilite os profissionais da educação no que se refere às importâncias e contribuições desses equipamentos, bem como o incentivo das políticas públicas e da gestão escolar em promover formação continuada nessa temática.

Junto a essa proposta de adaptação dos processos educacionais, ainda, estão aqueles de ordem técnica, administrativa e financeira, haja vista a manutenção contínua dessa nova abordagem, qualificando os profissionais e valorizando sua remuneração, incluindo, ainda, a oferta de uma infraestrutura com condições mínimas de funcionamento.

A escola não pode e não deve se fechar para o emergente cenário evolutivo das tecnologias digitais, pelo contrário, essa deve ser convidativa, atrelando interesse às necessidades de aprendizagem. A gestão desempenha um relevante papel em possibilitar essa inserção, através da qualificação dos profissionais da educação, por meio da formação continuada. Todavia, vale salientar que, como toda novidade no meio social, a escola sempre busca estabelecer sua zona de conforto, onde professores ainda hesitam em permitir a inclusão do novo.

O estudo aqui desenvolvido contou com um referencial teórico primordial para que pudéssemos apresentar essa discussão putada em uma abordagem pedagógica com dispositivos móveis, a qual requer a ampliação da temática, através de produções futuras, pois tecnologia e educação devem andar atreladas e estabelecidas de maneira indissociáveis.

O estudo também oportunizou a expansão da discussão sobre a temática, apenas um de várias outras que deverão ser promovidas com intuito de se identificar obstáculos no processo educacional brasileiro e apresentar possibilidades de se amenizar os impactos das dificuldades de ensino-aprendizagem, bem como tentar saná-las. O progresso educacional apenas será alcançado mediante a mobilização de esforços unidos e engajados no mesmo processo de aprimoramento da educação nacional.

Usar tal tecnologia a favor da educação, como um todo, favorecerá todo o processo de ensino-aprendizagem, principalmente no que se refere à atualização desse sistema, o qual criará novas possibilidades e oportunidades de desenvolvimento acadêmico, crítico e científico, mobilizando--se conteúdos às habilidades de cada estudante, flexibilizando e estendendo materiais didáticos à palma da mão, em prol da garantia, mínima, de aprendizagem significativa.

Diante de toda a discussão, aqui desenvolvida, pode-se inferir que o uso de celulares em sala de aula é um recurso plausível e viável, desde que administrado e executado com responsabilidade e constante monitoramento. Não é à toa que essa ferramenta ainda não é bastante difundida, como poderia ser, nas escolas, perante as possibilidades de irregularidades de seu uso como, por exemplo, troca de mensagens para resolução de atividades, ocorrência de acessos a conteúdos inadequados à idade em ambiente escolar, dentre aqueles de natureza social, pois nem todas as famílias dos alunos têm condições financeiras para adquirir tal aparelho ou, mesmo havendo esse recurso econômico, muitas delas ainda restringem-se à obtenção destes para seus filhos, ou, simplesmente, não os permite levar para escola.

Ainda é possível tratar a estrutura deficitária das escolas, especificamente públicas, assim como a falta de uma formação continuada aos professores que permitisse a orientação adequada para o usufruto das tecnologias que os *Smartphones* oferecem para ampliar as possibilidades de ensino-aprendizagem, como entrave maior das mudanças ocorridas na educação com a chegada das tecnologias.

O professor não está preparado para ampliar suas possibilidades, pois, até desligar um aparelho digital pode se configurar em uma tormenta para si. Tal situação deve ser observada pelos órgãos responsáveis pela educação, para oferecer uma reciclagem a estes professores, para então poderem enfrentar os desafios escolares do século XXI.

Diante dos pontos positivos e negativos, aqui apontados, percebe-se determinado grau de resistência nas abordagens didático-metodológicas em relação ao uso dos dispositivos móveis na educação, deflagrando-se um embate entre papel e tecnologia, tradicionalismo e evolução, desejos e desgravações. A escola, como um sistema adaptável aos avanços tecnológicos, ainda não se encontra antipática à velocidade com que a sociedade se transforma, especificamente, ao que se refere à expansão dos meios de comunicação que, inevitavelmente, infiltram-se nos ambientes de estudos, mesmo sem este fim, o que necessita amplamente de uma análise qualificada para tornar o malvisto em aproveitável.

A escola que se reveste através da égide de um papel social baseado apenas na fundamentação e transmissão de informações básicas acaba por abdicar a essência da educação formativa, tornando a ascendência social uma utopia, a prática docente será referenciada pela omissão e dissociação de aspectos intrínsecos às realidades dos alunos em contrapartida ao que se é ensino no contexto escolar.

A escola acaba por tentar adiar o inevitável, tornando o processo de inserção e exploração das tecnologias em sala de aula, onde, futuramente, essa abdicação será refletida na vida social e profissional dos alunos através do déficit de compreensão do uso das mesmas.

REFERÊNCIAS

BRASIL. Instituto Nacional de Estudos e Pesquisas Anísio Teixeira. *Censo Escolar 2018 revela crescimento de 18% nas matrículas em tempo integral no ensino médio*. Disponível em: http://portal.inep.gov.br/artigo/-/asset_publisher/B4AQV9zFY7Bv/content/censo-escolar-2018-revela--crescimento- de-18-nas-matriculas-em-tempo-integral-no-ensino-medio/21206. Acesso em: 01 jun. 2019.

BRASIL. Lei nº 9.394, de 20 de dezembro de 1996. *Estabelece as diretrizes e bases da educação nacional*. Brasília: Senado Federal, Coordenação de Edições Técnicas, 2017.

IMBERNÓN, F. (org.). *A educação no século XXI*. Porto Alegre: ARTMED, 2000.

MORAN, José Manuel, MASETTO, Marcos T., BEHRENS, Marilda A. *Novas tecnologias e mediação pedagógica*. Campinas, SP: Papirus, 2000.

PRENSKY, M. *Que você pode aprender a partir de um telefone celular?* Quase anytthing. Revista de educação online, 2004. Disponível em: www.elearningsource.info/. Acesso em: 24 abr. 2019.

SILVA, Marley Guedes da. *O uso do aparelho celular em sala de aula*. Universidade Federal do Amapá – UNIFAP. Disponível em: http://www2.unifap.br/midias/files/2016/04/O-USO-DO-APARELHO-CELULAR-EM- SALA-DE-AULA-MARLEY-GUEDES-DA-SILVA.pdf. Acesso em: 24 abr. 2019.

REFERÊNCIAS

CAPÍTULO IV

DOCÊNCIA VIA MODALIDADE A DISTÂNCIA: IMPLICAÇÕES TEÓRICAS COM VISTAS AO TRABALHO PRÁTICO

Luciano dos Santos

(Doutorando em Ciências da Educação - FACSIDRO)

Em tempos de desenvolvimento e avanço tecnológico, torna-se imprescindível considerar a educação como sistema permeável e adaptável às mudanças, conceituais e comportamentais, advindas da necessidade de inovações dos múltiplos setores econômicos globais, tendo-se, deste modo, o setor educativo como o campo gênese de tal expansão.

SILVA E SANTOS

Pesquisas recentes apontam que a modalidade de Educação a Distância (EaD) tem atraído significativo interesse da população brasileira para realização de cursos, especialmente, de graduação. Dados do Censo do Ensino Superior de 2018, divulgados pelo Ministério da Educação, apresentaram aumento de 27% no número de ingressos em cursos de graduação, via EaD, em relação ao ano anterior, e de 40% em comparação à última década, estimando-se, ainda, que o número de matrículas na referida modalidade superará o da presencial a partir dos próximos anos.

Tal procura pode ser interpretada devido à oferta, teoricamente, de vantagens e benefícios para o aprendiz – quando comparada à modalidade presencial – o qual busca atrelar trabalho e estudo às conformidades de sua vida cotidiana. Além dos aspectos legais relacionados ao fato da equivalência e reconhecimento dos cursos nas distintas modalidades pelo MEC, uma das vantagens mais expressivas da EaD diz respeito à flexibilidade de tempo, espaço e assincronismo dos ensinamentos e da interatividade entre sujeitos instrutores e aprendizes no Ambiente Virtual de Ensino e Aprendizagem (AVEA). Outros pontos positivos surgem quando se trata da comodidade em realizar a formação via modalidade EaD, por exemplo, em casa, no trabalho, etc. O aprendiz está inserido em um novo contexto de ensino-aprendizagem totalmente transformado, constituído sob interfaces próprias, traduzido em economia de tempo, disponibilidade de informações virtualmente e conectividade social de maneira virtual, sendo esses apenas alguns dos atrativos mais expressivos que são possíveis citar.

As políticas públicas brasileiras também têm contribuído para o êxito da modalidade da EaD com a oferta de programas e sistemas de ensino especializados na referida modalidade, como, por exemplo, o advento e expansão de polos da Universidade Aberta do Brasil (UAB), a qual reúne as principais ofertas de cursos a distância de diferentes instituições em um só lugar, com a oferta, ainda, de aparato físico e técnico específico, contando, também, com profissionais de apoio pedagógico, administrativo e suplementar, além de ser gratuita e oferecida sob as condições mínimas de qualidade e efetividade da educação com cursos de capacitação, graduação e pós-graduação.

Apesar desses atrativos, a concretização do processo da formação no Ensino Superior, através da modalidade a distância, exigirá, previamente, do indivíduo habilidades básicas de informática para que o mesmo possa desenvolver a interação necessária entre os sujeitos e as propostas de ensino-aprendizagem que nela constituem.

Deste modo, o estudo traz à tona uma visão panorâmica e, ao mesmo tempo, contrastante e segmentada quanto aos aspectos positivos e contraproducentes subjacentes à formação acadêmica, através dos subsídios tecnológicos e da Internet.

CARACTERIZAÇÃO HISTÓRICA DA EDUCAÇÃO A DISTÂNCIA

Hoje em dia, o conceito de EaD está diretamente relacionado às tecnologias digitais da informação e da comunicação (TDICs) atreladas à educação. No entanto, os atuais recursos midiáticos, associados à Internet, são decorrentes de uma iniciativa predecessora, onde práticas características da EaD remontam, oficialmente, desde o século XVIII, quando identificado, ainda, resquícios de sua prática desde a antiguidade greco-romana.

Atividades instrucionais, com fins profissionalizantes, via EaD – com os recursos da época –, datam do ano de 1728, promovidas pelo professor taquígrafo Cauleb Phillips (EUA) através de divulgações em jornais, como, por exemplo, os publicados pelo jornal Gazeta de Boston, no dia 20 de março deste mesmo ano.

Ainda há estudos que demonstram a existência dessa prática educativa anterior ao século XVIII, no entanto, de maneira oficial, a mesma é registrada a partir das iniciativas do professor Phillips, sendo as demais evidências um arranjo do que viria a se concretizar a EaD, como recurso oficial vinculador de práticas educacionais, com os mais diversos fins; educação, profissionalização, dentre outros.

Através do êxito das experiências do professor Phillips, nos EUA, a EaD expandiu-se vertiginosamente pelo mundo, conquistando a confiança e interesse de gestores de inúmeras instituições de ensino que viram na referida modalidade a oportunidade de ampliar o alcance do público para ingresso em um ensino mais atrativo, dinâmico, autônomo e efetivo. Indiscutivelmente, a nova modalidade de ensino se mostrou promissora, ganhando força ao receber subsídios teóricos e contribuições sistemáticas, físicas e espaciais que, aos poucos, passou de uma modalidade meramente transmissiva e receptora para recíproca e assíncrona.

Quanto ao advento da EaD no campo educacional brasileiro, as primeiras atividades datam do ano de 1904, bastante similares à experiência do professor Phillips, onde, através do Jornal do Brasil, verbetes nos classificados anunciavam a oferta de um curso de datilografia, por correspondência.

Mas foi a partir da década de 1940 que uma instituição de ensino, em particular, que ofertou, oficialmente, essa modalidade como meio para formação técnica, sendo o Instituto Universal Brasileiro o percursor das atividades formativas à distância no Brasil.

Após décadas de atuação no Brasil, a EaD firma-se hoje como recurso legítimo de educação, possibilitando o avanço tecnológico, informacional e científico, além de viabilizar a ascensão social por meio da formação educacional.

DOCÊNCIA VIA EDUCAÇÃO A DISTÂNCIA: ENTRE FRONTEIRAS

A EaD é uma modalidade versátil e cômoda em muitos aspectos. Assim, diante desta premissa surgiram-se novos conceitos no meio educacional, como, por exemplo, AVEA, Oficinas WIKI, Chats, Webconferência, dentre outros. No entanto, por mais fervorosa que essa conjetura educacional tenha sofrido adaptações nos últimos anos, outro aspecto pouco investigado diz respeito à assimilação e adaptação do aprendiz da EaD diante de seus estudos.

Através do advento das TDICs, a EaD apropriou-se de novas ferramentas em prol da viabilidade do processo de ensino-aprendizagem por meio de novas abordagens metodológicas diante de interfaces digitais. No entanto, a EaD trouxe consigo problemáticas que põem em xeque as habilidades dos aprendizes em saber/poder compreender a sistemática de acesso e navegação de interfaces digitais (salas de aula virtuais), bem como a iniciativa à socialização, realização e envio de tarefas, disponibilidade de acesso à banda larga e eventuais evasões.

Quanto às implicações práticas do processo de ensino-aprendizagem na modalidade a distância, conferem, principalmente, ao nível de compreensão do aprendiz, previamente ao ingresso à modalidade de EaD, acerca de seus pilares (princípios). Os pilares, os quais foram mencionados, dizem respeito à temporalidade (noção de administração e flexibilidade do tempo dedicado aos estudos), à especialidade (condições ambientais favoráveis ao aprendizado autônomo) e às TDICs (subsídios mínimos para acesso à internet, através de aparatos tecnológicos adequados), pois, ao ser admitido à modalidade a distância, sem possuir a assimilação desses aspectos, os aprendiz colocará em risco todo o processo educacional, não apenas ao que confere ao rendimento de sua aprendizagem, mas, também, ao próprio êxito da modalidade, sendo esta, descrita através dos índices de aprendizagem, egressão e evasão. Assim, antes de prodigalizar uma experiência já expressa enquanto legítima e suscetível ao êxito educacional, faz-se necessário que o ingressante seja conscientizado dessas características essenciais da modalidade, tendo em vista sua total compreensão acerca das condições necessárias para seu êxito acadêmico.

Meio a estas condições prévias de compreensão, ainda existem aquelas de ordem intermediária, cujas quais dizem respeito às condições cognitivas do aluno quanto à força de vontade, concentração e autoestima em ter que esfor- çar-se para poder cumprir com a assiduidade e dedicação às atividades propostas no AVEA. Percebe-se, assim, que significativa parte do desempenho do aluno corresponde a sua capacidade de gerir a manutenção de seus interesses e objetivos na EaD, isto é, o aprendiz não mais terá aquele horário certo para acordar e ir para uma instituição de ensino, mas, sim, organizar-se, da melhor forma possível e dentro de suas condições estruturais – sob os pilares da EaD – para que possa atingir as expectativas propostas.

Até então, observa-se que a EaD requer um olhar para além dos aspectos formativos e relativos às contribuições da modalidade, mas, também, referente aos aspectos pessoais dos aprendizes, os quais, por vezes, ingressam nesta modalidade sem conseguir apropriarem-se do potencial de aprendizagem por falta de preparação do que venha a ser a EaD.

Deste modo, a EaD não deve ser compreendida como uma modalidade de ensino concorrente com as demais presenciais e semipresenciais, pelo contrário, elas devem comungarem do intento de tornar o aprendiz um indivíduo consciente das possibilidades de aprendizagem, sendo de suma importância apresentá-los os princípios e condições necessárias para adentrar-se nos sistemas educacionais ofertados na educação brasileira.

Uma questão prática do que fora expresso anteriormente infere preparar, por exemplo, aprendizes do Ensino Médio da modalidade presencial para as possibilidades de ingresso e desenvolvimento acadêmico e, futuramente, profissional, através da EaD. Neste momento observa-se que uma modalidade se torna diligente e comprometida com a manutenção do processo de aprendizagem daquele aprendiz.

No entanto, apenas conferir ao aprendiz concepções teóricas referentes aos diversos tipos de modalidade de ensino não significa conferi-lhe subsídios suficientes para ingressar nas mesmas. Todavia, essa preparação é necessária, principalmente, ao que se refere à conscientização do mesmo, sendo que outro aspecto de máxima atenção para prepara-lo é orientá-lo quanto às 'tentações' do processo de aprendizagem via EaD, pois, caso o aprendiz depare-se com oportunidades de ingresso à modalidade a distância e não ser capaz de lidar cognitivamente com as condições, anteriormente, citadas da mesma, logo, este tenderá para a busca por facilidades, como, por exemplo, burlar o processo de estudos por pesquisas online que o auxilie na resolução de atividades e avaliações diagnósticas de sua aprendizagem.

Desta forma, as fronteias cujas quais coexistem no universo da modalidade de ensino a distância ainda se apresenta como uma problemática pertinente e que requer do fomento de novas discussões que possibilitem a conferência de novas concepções formativas, processos de verificação acerca da aptidão prévia do candidato a ingresso na modalidade, além de assegurar-lhe subsídios informativos e experienciais para sua plena conscientização sobre as possibilidades de desempenho necessário para consecução de metas formativas e permanência exitosa durante o período do curso.

RELAÇÕES DE ENSINO E DE APRENDIZAGEM ENTRE SUJEITOS NA EDUCAÇÃO A DISTÂNCIA: PAPÉIS E PERSPECTIVAS

Feliz é o professor que aprende ensinando (Cora Carolina). Uma das máximas da literatura brasileira parece defrontar-se com os desafios da EaD. Seria realmente possível, para um docente, aprender ensinando na EaD ou estaria este fenômeno atrelado, apenas, às relações de ensino-aprendizagem corpo-a-corpo? Estar em um ambiente físico seria realmente a principal condição para se concretizar a aprendizagem, por meio de elementos tangíveis e imagéticos? As questões que emergem deflagram a existência de práticas de ensino mistas, práticas estas oriundas de outras modalidades distintas da EaD e que podem conturbar os princípios formativos da outra, observa-se, ainda, nesse contraste, a necessidade de se propor abordagens de ensino específicas e coerentes com os recursos disponíveis em cada modalidade, e pautando-se aqui, acerca daquelas relacionadas aos processos ensino-aprendizagem de forma remota, ou seja, sim, a máxima de Cora Carolina se concretiza, independentemente, da modalidade de ensino, desde que o docente consiga apropriar-se dos mecanismo capazes de estreitar os laços de interatividade e reciprocidade entre docente e aprendiz, evidenciados no desempenho e rendimento da aprendizagem, através das expressões do aprendiz, seja por meio de registros dialogais ou avaliativos.

Diante dessa conjetura educacional, volta-se, neste momento, a questão do perfil dos sujeitos da EaD. Que professor é esse que direciona o ensino, com vistas à aprendizagem, essencialmente, por meio de vídeo-aulas? Estaria esse professor realmente capacitado para assumir uma nova postura de ensino intercedido por distintos arranjos e recursos midiáticos? E os aprendizes? Estariam estes receptíveis à aprendizagem, com tendência à passividade de atuação? Onde se encontra o protagonismo discente meio a práticas de ensino-aprendizagem apartadas do contato direto entre os demais sujeitos? Sim, indagações pertinentes que acabam por evidenciar lacunas existenciais na EaD. Todavia, vale salientar a necessidade de estabelecer uma EaD realmente disposta a acompanhar de perto toda essa relação, caso contrário, a tendência de o professor apenas emitir subsídios teóricos e de o aprendiz fadar-se ao desestímulo é iminente, pincipalmente, diante de constatações de AVEAs suscetível a brechas facilitadoras ao burlo da sistemática proposta.

Deste modo, as relações dos agentes educacionais, estabelecidas na EaD, devem ser orientadas a assumir uma nova postura distinta daquela cuja qual ambos – docente e aprendiz – enraizaram-se em suas formações, haja vista que os primeiros contatos de ensino e de aprendizagem do ser humano se firmam na prática presencial, devendo essa concepção ser trabalhada de a maneira a ser esclarecido o potencial da EaD com o intuito de se agregar novas aprendizagens, por meio do estímulo do desenvolvimento de novas habilidades, em que as experiências de ensino-aprendizagem de uma modalidade sejam subsídios para a outra e não elementos para ludibriá-la.

CONCEPÇÕES, BENEFÍCIOS E PONTOS CONTRAPRODUCENTES QUE SUBJAZEM OS PROCESSOS METODOLÓGICOS NA EDUCAÇÃO A DISTÂNCIA

Exercer a docência via EaD requer do próprio educador uma nova postura para admitir que a referida modalidade seja detentora de ferramentas e recursos capazes de expandir os conhecimentos do sujeito aprendiz. Desta forma, o docente deve transmitir a confiança necessária para que os indivíduos receptores de seus ensinamentos possam assimilar os conceitos necessários, além de fomentar subsídios que favoreçam sua autoconfiança para poder cumprir com suas atribuições, atividades e solicitações.

Através desta concepção, torna-se notório que por mais que as relações de ensino-aprendizagem na EaD se expressem como "distantes", seus educadores precisam ter o domínio da oratória para que sejam capazes de cativar o aprendiz ao transmiti-lo expressões de positividade, confiança e reconhecimento por seu desempenho, do mesmo modo em que também se espera um posicionamento mais crítico e atencioso ao buscar acompanhar de perto a frequência dos aprendizes ao AVEA e chamar sua atenção quanto ao cumprimento de suas obrigações.

No que tange a proposta metodológica do docente da EaD, esta, por sua vez, deve, antes de tudo, estar voltada à conscientização do aluno para que ele sinta-se à vontade para esclarecer suas dúvidas, organizar sua rotina de estudos, guiá-lo no ambiente de aprendizado, com vistas ao domínio e autonomia do mesmo, integrá-lo ao sistema, viabilizar a compreensão das abordagens avaliativas, além de pautar-se no diagnóstico de suas dificuldades, expressas e registradas em sistema.

Diante dessa linha de ação docente, a prática educacional na EaD tende a concretizar seus objetivos, fazer cumprir seus princípios estruturantes e revelar seu potencial enquanto modalidade legítima e detentora de condições favoráveis à ascensão educacional, em suas mais expressas possibilidades.

O docente que ingressar nessa área deverá sempre ter em mente que sua prática de ensino necessitará, previamente, da sondagem das turmas que ministra e preparar os aprendizes para a forma com que serão propostos os conteúdos didáticos, bem como a forma em que serão desenvolvidas as atividades avaliativas, respectivamente. Sendo esta ação uma iniciativa que definirá seu perfil enquanto docente e formulará o do aprendiz.

PROTAGONISMO E ANTAGONISMO NA EDUCAÇÃO A DISTÂNCIA: HAVERIA CONSENSO?

Uma das questões pertinentes e recorrentes quando se trata da aprendizagem na EaD confere ao fato da comparação de posturas e de desempenhos dos aprendizes quando estes transpassam o plano da educação presencial para o virtual. Torna-se, um tanto quanto natural, subestimar-se ou subestimar o outro, quanto à segurança das condições mínimas para desempenhar o papel de aprendiz na EaD, aspecto este expresso, principalmente, devido às históricas marcas sociais que deflagram deficitários índices de inclusão digital, sendo que a presença de um aprendiz que acabara de concluir sua formação básica e que não possui, suficientemente, a destreza para inserir-se em ambientes virtuais, poderá não corresponder às exigências de tais ambientes e acabar frustrando-o.

No entanto, essa negatividade do senso comum, atrelada à falta de estímulo e de oportunidades para inclusão digital, afeta a concepção do aprendiz acerca de sua capacidade de ingressar e, quando assim o faz, de permanecer com o rendimento necessário para desenvolver e concluir seus estudos, sendo evidentes as elevadas taxas de evasão na modalidade. Além desse aspecto obstrutor da permanência e motivação do aprendiz da EaD, ainda existem outros aspectos contraproducentes que sondam a vida acadêmica do aprendiz, sendo alguns deles a questão financeira – no caso de cursos privados –, a falta de prioridade aos estudos/curso, não assimilação da proposta educacional, falta de compromisso e ritmo na entrega de atividades dentro dos prazos estipulados, dentre outras condições que desafiam a vontade do aprendiz em prosseguir em sua jornada na EaD.

Meio a esse cenário desencorajador, a EaD busca aprimorar suas configurações com o intuito de apresentar ao aprendiz possibilidades de navegação e engajamento sempre maiores, para que se possa garantir a permanência do mesmo, bem como de sua aprendizagem.

O interesse *versus* o cenário hostil é uma das características pertinentes à EaD no Brasil. Como exposto, o êxito da modalidade da EaD também dependerá de inúmeros fatores, os quais expressos através da configuração satisfatória de programas/AVEA, bom desempenho do corpo docente, materiais didáticos de qualidade, oferta e orientação de ferramentas de forma adequada, propostas de interatividade convidativas/engajadoras, dentre aqueles de ordem de oferta de cursos e da manutenção do estímulo dos aprendizes em permanecer e concluir seus estudos iniciados na referida modalidade.

CONSIDERAÇÕES

A docência na modalidade EaD tem sido alvo de discussões que, constantemente, ampliam as perspectivas de atuação educacional em múltiplos aspectos. A pauta maior acerca dessas discussões diz respeito à qualidade da formação dos docentes, seu preparo e dos processos avaliativos. Essa conjetura estrutural não diz respeito apenas à relação docente-aprendiz, como, também, dos demais agentes que compõem a modalidade EaD, como, por exemplo, tutores, professores mediadores, coordenadores, técnicos e outros, os quais fazem a diferença com suas atribuições de apoio e suporte pedagógico.

A proposta da EaD não se destina, única e exclusivamente, a atuação passiva dos sujeitos que dela fazem parte, haja vista que, em seus pilares estruturantes, a ação de cada integrante é atribuída graus de atitudes que são fundamentais para que o êxito educacional possa acontecer, além de serem fomentados através do incentivo ao compromisso de fazerem-se cumprir os objetivos educacionais da referida modalidade.

Para tanto, o êxito educacional, o qual é mencionado, não está condicionado ao acesso ao AVEA nem as suas ferramentas, mas, sim, na interatividade entre docentes e aprendizes, aprendizes e conteúdos didáticos (vídeo-aulas, materiais em arquivos digitais etc.) e, além disso, às manifestações dos aprendizes e dos educadores através das expressões e participações em momentos de diálogo e interatividade síncrona e/ou assíncrona.

REFERÊNCIAS

ARETIO, Lorenzo Garcia. *Educação a distância hoje*. Madri: Universidade Nacional de Educação a Distância, 1999.

BRASIL, República Federativa do. Ministério da Educação. *Censo da Educação Superior 2018*. INEP Instituto Nacional de Estudos e Pesquisas Educacionais Anísio Teixeira. Diretoria de Estatísticas Educacionais - Deed. Brasília - DF, 2019.

MAIA, Fábio. *Docência na Ead:* reflexões sobre o fazer docente da tutoria. Associação Brasileira de Educação a Distância. AVM Faculdade Integrada. Curitiba-PR, 2014.

MEDEIROS, Simone. A Docência (e a formação docente) na Educação a Distância (EaD): notas para reflexão. *Revista Educação em Perspectiva*, Viçosa, v. 1, n. 2, p. 231-354, jul./dez. 2010.

MOORE, Michael; KEARSLEY, Greg. *Educação a distância:* uma visão integrada. São Paulo: Thomson Learning, 2007.

O GLOBO, Jornal (online). *Ingresso em cursos de graduação a distância aumenta 27% em um ano (2018)*. Disponível em: https://oglobo.globo.com/

sociedade/ingresso-em-cursos-de-graduacao-distancia-aumenta--27-em-um-ano-23083509. Acesso em: 10 jan. 2020.

SANTOS, Elaine Maria dos; TOMOTAKE, Maria Eliza; NETO, José Dutra de Oliveira; CAZARINI, Edson Walmir; ARAÚJO, Elenise Maria de; OLIVEIRA, Selma Regina Martins. *Evasão na educação a distância:* identificando causas e propondo estratégias de prevenção. Associação Brasileira de Educação a Distância, 2008.

SILVA, Robson José de Moura; SANTOS, Luciano dos. *Tempos líquidos na educação brasileira:* reflexos do advento da educação a distância na Educação Básica. Revista Científica Semana Acadêmica. Fortaleza, ano MMXIX, Nº. 000156, 22/01/2019. Disponível em: https://semanaacademica.org.br/artigo/tempos-liquidos-na-educacao-brasileira-reflexos--do-advento-da-educacao-distancia-na-educacao. Acesso em: 10 jan. 2020.

CAPÍTULO V

BRINCADEIRAS E SOCIALIZAÇÃO: CONTRIBUIÇÕES DO LÚDICO PARA A PRÁTICA EDUCATIVA

Jorge Mardini Sobrinho
(Doutorando em Ciências da Educação - FACSIDRO)

Patrícia Nonnenmacher
(Doutoranda em Ciências da Educação - FACSIDRO)

O professor da educação infantil para executar bem seu trabalho, no atual contexto das exigências e competitividade da sociedade, é imprescindível que tenha uma boa compreensão do que vem a ser o lúdico, e não ter apenas uma vaga visão sobre a ludicidade, pois, as atividades lúdicas das crianças precisam ser mediadas e bem planejadas para proporcionar uma aprendizagem significativa.
MARIA JOSÉ DE SOUZA FELICIANO

Ao discutir acerca das manifestações de interesse da criança pela ação do brincar é naturalmente comum apenas relacionar essa vontade à apreciação da diversão, o que não deixa de ser um fato verídico, mas, ao mesmo tempo, excludente de uma visão mais apurada acerca dessa prática enquanto estratégia de ensino e de aprendizagem, devendo seu conceito, sobretudo, estar definido através da forma com a qual o professor irá administrar essa ação, estrategicamente, expressa em seu plano de ensino.

Para tanto, ao lançar mão da brincadeira, enquanto procedimento viabilizador da aprendizagem de determinados conteúdos pedagógicos, o professor deve possuir e dominar certos conhecimentos teóricos que embasem sua prática profissional, sempre guiado pela segurança em conhecer os possíveis e previsíveis e resultados, além de buscar registrar e estudar aqueles imprevisíveis e espontâneos.

Desta forma, espera-se, através deste estudo, expandir a concepção acerca das abordagens de ensino por meio de atividades lúdicas, especificamente, através do reconhecimento da brincadeira educativa enquanto recurso plausível e favorável à aprendizagem.

PRESSUPOSTOS HISTÓRICOS DAS BRINCADEIRAS ENQUANTO PRÁTICA PEDAGÓGICA

É notório observar em diversos estudos contemporâneos, voltados à visão acerca da ludicidade como prática pedagógica, que o conceito de infância é resultante de um longo percurso histórico vivido e influenciado por aspectos socioculturais que foram admitidos e refutados continuamente, ou seja, funções atribuídas à criança, em um passado longínquo ou recente, já não são mais concebíveis hoje e, possivelmente, as que são atribuídas na atualidade, futuramente poderão ser redirecionadas. Houve períodos da era humana que a criança era considerada um "mini adulto", devendo a mesma ser ensinada a adquirir os hábitos de seus semelhantes, o quanto antes, por exemplo, guerrilhar, ser estrategista, comerciante, relacionar-se sexualmente, dentre outras atribuições que, passados milênios, tornaram-se alvo de discussões e estudos de sociedades letradas que comungaram da concepção de se permitir a plena liberdade de expressão e espontaneidade da criança e que, gradativamente, sua aprendizagem formativa fosse adquirida por fases, com vistas à aquisição de sua autonomia de maneira progressiva, racional e reflexiva.

Aprofundando-se sob uma perspectiva epistemológica, a ação espontânea da criança, pelo interesse por brincadeiras, revela não apenas sua vontade de socializar-se com outras, mas, além disso, expõem condições vitais que elucidam uma formação biológica plena, aspecto histórico esse que por não ser minuciosamente estimado conferiu à transformação do corpo humano apenas uma condição fisionômica, menosprezando-se, assim, a questão fisiológica. O que dizer, por exemplo, de crianças que, em fase de desenvolvimento, não gostam de brincar com outras ou, sequer, dialogar com seus pares? Observa-se, assim, uma refutação ao processo natural de sua existência, sendo isso uma das múltiplas evidências biológicas que não se deve passar despercebidas aos olhos do professor, o qual deve acionar o apoio familiar e de outros profissionais da área da pediatria e psicopedagogia para a investigação de tal constatação.

É considera uma criança 'normal' aquela que, além de nascer com corpo sadio, aquela propensa à curiosidade, à descoberta e à socialização. Para tanto, brincar transpassa o mero conceito de normalidade ao ser acionada enquanto recurso pedagógico, propício à aquisição de aprendizagens de diversas naturezas. Pais, por exemplo, podem ensinar seus filhos a andarem de bicicleta, nadarem, esconderem-se etc., sem que os mesmos sejam, necessariamente, orientados a aprender isso, isto é, a naturalidade das atividades lúdicas atrela-se à intuição das crianças, tendo como referência a indução dos pais para executá-las. Em um contexto escolar, a ação do brincar apresenta a mesma configuração familiar, porém, em um contexto distinto, onde a criança encontra-se condicionada à socialização entre vários colegas e às instruções mediadoras do professor.

Saber conduzir o processo de aprendizagem da criança, por meio da inserção do lúdico na prática pedagógica, também requer a aprendizagem do próprio professor, principalmente, através de sua humildade em desejar conhecer as habilidades e características comportamentais de cada um de seus alunos, pois isso irá conferir ao seu planejamento um refinamento necessário para propor estratégias de ensino, plenamente, voltadas às possibilidades de aprendizagem de todos, evitando-se, assim, abordagens lúdicas genéricas, dispersas e distantes de se tornarem pontes entre a diversão e o aprendizado.

Há registros históricos que evidenciam o repúdio por parte da educação formativa pela ação lúdica, enquanto proposta de ensino-aprendizagem eficaz no ambiente escolar. As brincadeiras podem ser intrínsecas à natureza humana e ao seu desenvolvimento, mas, por séculos, essa ação foi atrelada à indisciplina discente, principalmente ao que confere à formulação de uma proposta positiva ao desenvolvimento das habilidades cognitivas da criança. Ao difundir a concepção do lúdico enquanto prática disruptiva do processo de aprendizagem, as brincadeiras passaram a ser vistas de forma negativa no ambiente escolar, surgindo, assim, ações para inibir tal expressão, através do apelo à agressão verbal e violência física, principalmente, através de instrumentos, como, por exemplo, a palmatória, a régua, as "orelhas de burro", além daqueles de natureza pejorativa, como, gritos, olhares hostis, repressão pública, sarjeta (ficar frente à parede de um dos cantos da sala de aula ou enclausurado em outros ambientes), além de tudo isso acontecer com o consentimento dos pais/responsáveis, os quais acreditavam na disciplina decente como ação superior arraigada de sabedoria, onde ousar mudar esse sistema seria um ato de imprudência e violação da boa conduta em sociedade.

No contexto supracitado, as condições repressoras das manifestações lúdicas da criança eram a oportunidade para a formação de sujeitos rudes, intolerantes e violentos, isto é, consciente ou inconscientemente, preparados para atuar em uma sociedade de forma defensiva, autoritária e possessiva.

O LÚDICO NOS PROCESSOS DE ENSINO: A BRINCADEIRA É SÉRIA

Atrelar a ludicidade às práticas pedagógicas é de suma importância desde que o professor saiba dosar sua utilização no cotidiano escolar, sem deixar de preocupar-se com os objetivos de sua inserção e desenvolvimento da aprendizagem do aluno. Recorrer à espontaneidade do aluno acerca de seu interesse por brincadeiras e jogos educativos poderá ser de grande significado para a criança que sente a presença do educador enquanto intermediador das dinâmicas. Brincadeiras são amostras das relações sociais da criança em sua vida cotidiana, elas expressam seus aprendizados empíricos advindos das experiências com amigos e familiares para além dos muros da escola, além de reforçar suas habilidades de cognição, por meio, obviamente, da diversão. A ação do brincar é o subsídio que estimula a socialização, o engajamento e o fortalecimento do desenvolvimento físico, especialmente, quando se trata de brincadeiras ao ar livre as quais envolvam o movimento. Todavia, há brincadeiras e jogos que proporcionam sensações de satisfação não necessariamente através de movimentos aeróbicos. Exemplo disso são os jogos de tabuleiro e de memória, os quais se constituem pelo desafio cognitivo individual e/ou coletivo.

A proposta da inserção de jogos educativos durante as aulas deve estar atrelada às necessidades de aprendizagem dos alunos por determinada temática, óbvia e naturalmente que os aspectos do entretenimento sobrepujarão qualquer outra intenção pedagógica, por isso eis a necessidade de o professor conhecer os diferentes tipos de jogos, suas características e possibilidades de engajamento com os conteúdos propostos.

Necessário, ainda, discernir entre brinquedo, brincadeira e jogo. O brinquedo é a personificação concreta do imaginário da criança, ao associá-lo a seres animados e inanimados (familiares, objetos, personagens etc.) ou imaginários (advindos de histórias em quadrinhos, desenhos, contos de fada etc.), além de não estar diretamente associado a regras. A brincadeira, por sua vez, transpassa a questão do divertimento individual, oferecido pelo brinquedo, e passa a ser compartilhada com outrem, podendo estar fundamentada ou não regras. O jogo, sim, esse se configura sob orientações cujas quais definem ganhadores e estimula a competitividade entre os participantes. Ainda consiste em dizer que esses conceitos, por mais distintos, não são praticados de forma independentes, mas, sim, inconscientemente atrelados uns aos outros e condicionados a contextos diversos.

O interesse da criança pelo lúdico é definido por suas fases de desenvolvimento. Até seus três primeiros anos de vida, a figura do brinquedo possui um forte valor afetivo, onde a criança não consegue discernir entre o real e o imaginário. Após esse período, a criança ultrapassa a concepção de relevância do brinquedo em sua vida, dando espaço a associações entre o imaginário e as relações sociais, sendo as brincadeiras os principais subsídios para suprir suas necessidades cognitivas.

Por se tratar, em sua essência, de uma ação espontânea e momentânea, a brincadeira ainda é vista por indivíduos leigos como uma prática incrédula, devido à expressividade que o lúdico confere. No entanto, o professor deve possuir em seus argumentos elementos capazes de conscientizar os sujeitos do convívio familiar do aluno informando-os acerca dos aspectos científicos que os mesmos podem desconhecer e transmitir-lhes a confiança necessária para que ambos possam colaborar, direta ou indiretamente, na formação cognitiva da criança, devendo o professor expor as contribuições de atividades lúdicas para vida do aluno, com reflexos em curto ou longo prazo.

Nesse contexto de defesa das práticas pedagógicas, atreladas à ludicidade, o professor ainda deve defender o papel da brincadeira enquanto ação refletora das condições sensoriais, motoras e cognitivas da criança, haja vista que será através de seu desempenho que eventuais limitações, bem como destrezas, serão reveladas e servirão de base à formulação de novas propostas de ensino.

A brincadeira é, de fato, o elo entre a cognição da criança e a vida em sociedade. É através da brincadeira que a criança expõe seus interesses, desejos e expressões que acabam sendo conciliadas à afetividade com os demais indivíduos ao seu redor. É através do ato de brincar ou jogar que a criança desenvolve seus primeiros conceitos críticos capazes de habilitá-la ao discernimento, julgamento e argumentação acerca dos fatos que a cerca, culminando, assim em seu entendimento lógico criativo.

BRINCADEIRAS COM JOGOS: QUEM PERDE TAMBÉM GANHA

Inseridas em uma sociedade, cada vez mais, competitiva, as crianças devem ser orientadas ao jogo de regras, enquanto artifício à socialização e não ao individualismo, sendo que o fato de perder determinado desafio não poderá, em nenhuma circunstância, tornar-se motivo de conflitos e desentendimento entre os alunos.

A aprendizagem por jogos educativos confere a necessidade de colaborar para formulação do pensamento crítico da criança em saber ganhar e perder e, a partir dessa concepção, apreciar a primeiras concepções de liberdade e democracia.

A simbologia criada pela criança para representar os demais seres ao seu redor vincula a manifestação de seu imaginário à realidade. Desta forma, o jogo educativo é uma das linguagens da criança capaz de fomentar sua aprendizagem. Assim, tanto professor quanto pais devem buscar compreender essa linguagem e evitar a imposição abrupta de ensinamentos/conceitos que possam ser difíceis para a criança assimilar de imediato.

As experiências proporcionadas para as crianças, através de jogos e brincadeiras, são fundamentais para instigar sua imaginação, criatividade e discernimento entre a boa e má conduta em sociedade. O jogo, por sua vez, oferece à criança condições palpáveis capazes de permitir que a mesma amadureça seus conceitos sobre as relações sociais que desenvolve, além de oportunizá-la a ensaiar o que gostariam de ser, sentir e tocar, tendo em vista as limitações que suas condições físicas e cognitivas impõem.

Considerar e atrelar essa conjuntura existencial, de que a criança possui fértil e produtivo campo de aprendizagem, deve ser o subsidio essencial para ser trabalhado em sua fase escolar, oferecendo condições aonde se conduzam o processo de ensino-aprendizagem de forma coerente com suas possibilidades de aprendizagem, isto é, não se devendo explorar para além de seus limites nem oferecer-lhe desafios despretensiosos, os quais já foram superados.

Assim, um dos principais objetivos do trabalho pedagógico com jogos deve pautar-se na busca estratégica pelo alcance de metas relacionadas à socialização e, ao mesmo tempo, à compreensão de determinados conceitos comportamentais e conteúdo de natureza disciplinar, sem preterir nenhuma forma de expressão de vitória sobre os alunos e que o elogio para um aluno com bom desempenho seja exposto de maneira a incentivar os demais, cativando-os e estimulando-os a nunca desistirem de seus objetivos.

ESTRATÉGIAS DE ENSINO POR MEIO DE BRINCADEIRAS

Propor estratégias pedagógicas com o auxílio da ludicidade requer da reflexão crítica do professor, haja vista que tal abordagem pressupõe a resolução de dificuldades de aprendizagem do aluno e não ao seu mero entretenimento. Essa visão corrobora para contínua renovação dos conceitos escolares acerca da visão do lúdico, principalmente, através de constatações de êxito educacional.

O ambiente escolar, por ser um espaço propício à socialização e a partilha de conhecimentos, é eleito como um contexto onde os alunos descobrem, compartilham e aprendem reciprocamente. Neste cenário positivo e favorável à aprendizagem, o professor deve lançar mão de estratégias metodológicas que viabilizem o aprendizado de maneira prazerosa, divertida e significativa.

Para tanto, um bom planejamento fará toda a diferença quanto ao estabelecimento dos objetivos a serem alcançados com aulas mais interativas e dinâmicas. Planejar requer uma visão comprometida com o apoio ao aluno em superar suas dificuldades de aprendizagem e, ao atrelar o processo de ensino-aprendizagem às práticas lúdicas, o professor promove o avanço das habilidades cognitivas do aluno por meio daquilo que ele domina, isto é, a diversão.

A ação do brincar, meio às relações educacionais, pode valer de aprendizado significativo desde que ofereçam condições para que o aluno desenvolva sua compreensão de mundo de maneira autônoma, o que não quer dizer, totalmente independente, pois a função do professor é mediar esse caminho, guia-la à descoberta e partilha de informações.

Outro aspecto bastante relevante é revelar que os subsídios palpáveis – brinquedos e ferramentas pedagógicas – não são sinônimos de qualidade de ensino e/ou de aprendizagem, haja vista que tal qualidade será evidenciada através da promoção da prática educativa seja ela composta ou não por elementos tangíveis, isto é, brincadeiras e/ou jogos educativos podem contribuir tanto quanto outros elementos associativos. O ideal é propor uma intermediação que dose os dois elementos lúdicos – recursos tangíveis e ações práticas – buscando sempre evidenciar as contribuições desses elementos na aprendizagem do aluno.

Afere-se a todo procedimento lúdico (brincadeiras, brinquedos, jogos, dinâmicas etc.) na ação pedagógica a força motriz para engajar interesse e aprendizado do aluno, todavia, ainda vale salientar que para que essa pressuposição realmente concretize-se o professor precisa buscar conhecer o potencial da ludicidade e apropriar-se de suas fundamentações teórico-práticas para que seja capaz de sobressair-se diante de desafios com os quais se depara diante do processo de ensino-aprendizagem na modalidade da Educação infantil.

Aceitar a proposta de atividades pedagógicas, através do lúdico, não é uma tarefa tranquila por grande parte dos membros de uma comunidade escolar, até mesmo pelo próprio professor, sendo ele a figura-alvo de especulações, observações, constatações e evidenciação de sua prática de ensino. Primeiramente, o professor deve refletir acerca de sua própria permissão quanto à prática que exerce – se realmente ela está coerente com as determinações legais de oferecer aos alunos oportunidades de aprendizagem – e, posteriormente, deve manter-se informado quanto às contribuições das práticas lúdicas como subsídio legítimo e eficaz em prol do processo de ensino-aprendizagem para que, assim, possa apropriar-se de argumentos orientadores àqueles que julgam, superficialmente, sua atuação, frente a práticas lúdicas.

O professor deve assimilar o conceito de que ele não é mais o sujeito detentor do saber e exclusivamente orientador de seus alunos, mas, sim, o sujeito capaz de viabilizar o seu aluno para que possa trilhar rumo à aquisição do conhecimento de maneira autônoma e progressiva. Revela-se, ainda, que o exercício da docência não deve pautar-se em zonas de conforto ou no medo pelo novo, pois do outro lado da moeda, os alunos, ensejam por novas práticas que os cativem e estimule-os a sempre querer aprender, cada vez mais.

Para tanto, a ação docente em atrelar a ludicidade a suas práticas de ensino nada mais é do que relacionar os saberes dos alunos aos conhecimentos formativos da Educação Básica, isto é, é oferecer à criança experiências que instiguem e agucem sua intuição, raciocínio e interpretação do mundo ao seu redor.

AUTONOMIA E HETERONOMIA NAS ABORDAGENS METODOLÓGICAS LÚDICAS

A expressão de autonomia da criança é evidenciada através de sua postura espontânea em querer expressar-se e fazer parte de relações sociais com outras pessoas – amigos, familiares, dentre outros –, de modo a agir de forma determinante e autoritária, acionando a birra como artifício esmorecedor de seu condutor (pais, professores, dentre outros). Já o conceito de heteronomia ancora-se na transmissão do universo regrado da vida em sociedade do adulto para a criança, é quando surgem as primeiras expressões de desobediência que desafiam muitos pais ao domínio do comportamento de seus filhos e dos devidos ensinamentos que consigam despertar na criança a necessidade do bom comportamento em sociedade.

No contexto escolar, os conceitos de autonomia e heteronomia estão presentes em praticamente em todas as relações de ensino e de aprendizagem. Espera-se que após a prática heteronômica docente, a criança enquanto agente de aprendizagem e de formulação de ideias seja capaz de desenvolver sua concepção autônoma ao conferir-lhe novas habilidades capazes de formular a resolução de problemáticas apresentadas nas diversas áreas do conhecimento.

Através dessa conjetura educacional, o professor deve oferecer aos seus alunos condições favoráveis para que os mesmos possam agir de maneira autônoma diante de sua prática de ensino, possibilitando a participação ativa de todos, ao expor suas concepções, propostas, interpretações e incongruências.

Deste modo, a proposta de atividades lúdicas é um dos caminhos favoráveis ao desenvolvimento da autonomia do aluno, especialmente, tratando-se de dinâmicas em grupos em que elenquem representantes – aleatórios e rotatórios – promovendo, assim, a autoconfiança e noção de liderança da criança mediante seus pares.

CONSIDERAÇÕES

Renovar práticas pedagógicas no cenário educacional brasileiro, através de abordagens metodológicas voltadas ao lúdico, é uma missão repleta de desafios. Por um lado surge a resistência por parte da escola, dos pais/responsáveis e, até mesmo, pelo próprio professor e por outra a questão da apropriação do professor pelos saberes necessários para desenvolver uma docência frente à oferta de possibilidades de ensino capazes de transformar e, ao mesmo tempo, viabilizar a aprendizagem de maneira linear e significativa para a vida de seus alunos.

Todo professor deve ter em mente a necessidade de sempre permitir-se aprender novos saberes e, a partir deles, promover mudanças nos processos de ensino, principalmente voltadas às dificuldades de aprendizagem dos alunos. É por meio dessa permissão conceptiva que as abordagens lúdicas ganham espaço para serem aplicadas com maiores chances de êxito educacional.

Através desta concepção formativa, o lúdico servirá como suporte à prática pedagógica, não apenas servindo como alternativa para romper com práticas tradicionalistas ou trazer um novo ar na quebra de rotina de alunos e professor, mas, também, por conferir ao aluno poder aprender do seu jeito, através da prática de suas habilidades cognitivas, físicas e socializadoras.

REFERÊNCIAS

FANTACHOLI, Fabiane das Neves. *O brincar na educação infantil:* jogos, brinquedos e brincadeiras – um olhar psicopedagógico (2011). Disponível em: http://revista.fundacaoaprender.org.br/?p=78. Acesso em: 15 jan. 2019.

FELICIANO, Maria José de Souza. *O papel da brincadeira no desenvolvimento infantil como meio da aprendizagem.* Universidade Federal da Paraíba. Itabaiana-PB, 2013.

FREIRE, Paulo. *Pedagogia da autonomia:* saberes necessários à prática educativa. São Paulo: Paz e Terra, 1996.

GOFFI, Lucyanne Cecília Dias. *Jogos, brinquedos e brincadeiras:* um estudo sobre a interação de alunos do ensino regular e os que frequentam sala de recursos. 2009. 133 f. Dissertação (Mestrado em Educação) – Universidade Estadual de Maringá, 2009.

KISHIMOTO, Tizuco Morchida. *Jogo, brinquedo, brincadeira e a educação.* 7. ed. São Paulo: Cortez, 1996.

PALMEIRA, Jéssica dos Santos. *Sete dias de brincadeiras:* a criança e seu brincar na Educação Infantil. 2018. 144 f. Dissertação (Mestrado em Educação) – Universidade Federal do Espírito Santo. São Mateus, ES, 2018.

PIAGET, Jean William Fritz. *A formação do símbolo na criança.* 3. ed. Rio de Janeiro: Zahar, 1973.

PIAGET, Jean William Fritz. *A formação do símbolo:* imitação, jogo e sonho, imagem e representação. 3. ed. Rio de Janeiro: Zahar, 1998.

PIAGET, Jean William Fritz. *A linguagem e o pensamento da criança.* São Paulo: Martins Fontes, 1999.

VYGOTSKY, Lev Semyonovich. *A formação social da mente.* 6. ed. São Paulo: Martins Fontes, 1998.

CAPÍTULO VI

ABSENTEÍSMO DOCENTE E AS CONTRIBUIÇÕES DAS MÍDIAS EDUCACIONAIS COMO ESTRATÉGIA CONCILIADORA

Robson José de Moura Silva

(Doutorando em Ciências da Educação - FACSIDRO)

No que se refere à prática docente, é importante olhar para as mídias educacionais como aliadas nos processos de ensino e aprendizagem, inovando sempre a metodologia, e assim, tornando as atividades atrativas e menos estáticas. Estamos vivendo na era da tecnologia, e vivemos em contato direto com recursos multimídias, seja na escola, na rua, ou em casa, intensificados cada vez mais com a modernização constante.

LUCIANA BENTO
GERLAINE BELCHIOR

O absenteísmo docente ocorre quando o profissional da educação depara-se com a necessidade de ausentar-se, de imediato ou com prazo previamente determinado, do ambiente de trabalho, especificamente da escola, por motivos de força maior – justificados e amparados, integralmente, pelas determinações legais pertinentes – onde tal resguardo confere-lhe o direito de abonar, sem prejuízos honorários, sua (s) falta (s) sem a obrigatoriedade de reposição das mesmas.

Diante dessas eventualidades, deflagra-se, consequentemente, o alunado sem atendimento educacional direcionado, refletido em horários em ócio, onde, em muitas das vezes, tais alunos acabam sendo dispensados para retorno as suas residências, com ou sem os devidos consentimentos de seus pais ou responsáveis, ou remanejados, aleatoriamente, para ambientes pedagógicos da escola, como, por exemplo, biblioteca, sala de vídeo, sala de leitura, dentre outros, para suprir o horário de aula sem um plano pedagógico preparado para tal finalidade, isto é, preventivo às circunstâncias de ausência docente.

Destarte, o estudo busca apresentar as possibilidades da utilização das mídias educacionais a favor de situações adversas que ocasionem à ausência docente em determinados períodos e em prol da manutenção da oferta de um ensino-aprendizagem sustentável através de estratégias de ensino coerentes e de qualidade eminente para que, a partir de então, poder, também, averiguar a oferta de subsídios midiáticos de apoio ao trabalho docente; conhecer a perspectiva gestora quanto à função pedagógica das mídias na educação; e evidenciar a necessidade e importância da capacitação docente através de formações continuadas em mídias educacionais, esta última não no sentido de utilizá-las em segundo plano, em situações de necessidades momentâneas, conforme possam estar sendo utilizadas, mas, sim, como recurso indissociável das relações sociais contemporâneas, as quais estão interligadas pelas mais diversas ferramentas de informação e comunicação.

O estudo aponta a carência da promoção de um planejamento engajado com as mais diversas possibilidades de atendimento ao alunado em circunstâncias que comprometam a continuidade do processo de ensino-aprendizagem. Evidencia-se que as mídias da educação oferecem muito além daquilo que as mesmas são comumente propostas, pois, também, são capazes de oferecer equilibro educacional expresso em inúmeras possibilidades.

ABSENTEÍSMO DOCENTE E CONDUÇÃO DAS ATIVIDADES PEDAGÓGICAS

A prática do absenteísmo caracteriza-se pela recorrente ausência do profissional ao seu setor de trabalho, seja por motivos de força maior, como, por exemplo, tratamento de saúde ou intervenientes, como o luto. Essa prática possui determinados amparos legais, onde os profissionais são submetidos a curtos ou longos períodos de afastamento ao trabalho. No entanto, na outra borda desse recíproco processo, o alunado acaba sentindo, significativamente, as consequências dessa ausência, expressas através de dificuldades de aprendizagem, e sendo as lacunas do processo de ensino-aprendizagem o principal fator.

Não raras são as ocorrências de faltas docentes no meio educacional. Todavia vale salientar que o estudo, aqui, não busca rotular, pejorativamente, essa ocorrência e, sim, evidenciar a conduta instrutiva em escolas diante dessas ocasiões e destacar a utilização das mídias educacionais como alternativa plausível para apoio pedagógico.

Diante dessas circunstâncias contextuais, o maior agravante é o fato de que os alunos estão presentes no ambiente escolar na expectativa da aula e, quando contrariados, a gestão e coordenação escolar buscam alternativas, arbitrariamente, com o intuito de controlar e atendê-los e, ainda, preservar a integridade do aprendizado e da inserção do aluno em seu período letivo completo.

Tavares (et. al. 2011) constataram os reflexos do absenteísmo meio a um amplo cenário educacional:

> Os gestores da rede de ensino estadual paulista consideram que o elevado índice de faltas dos professores ao trabalho é o principal problema enfrentado pelo dia-a-dia das escolas. De fato, num único dia letivo cerca de 12 mil professores efetivos estão ausentes das salas de aula e mais 90 horas-aula são perdidas por não haver substituição. Em 2006, foram gastos R$235,4 milhões para cobrir os custos do absenteísmo praticado na Secretaria da Educação (SEE-SP). Em média, os professores faltam 18 dias por ano (8% dos 200 dias letivos) (TAVARES et. al. 2011, p. 2).

Numa perspectiva corporativa, mas com foco educacional, é possível constatar como se configuram as faltas de um profissional em seu setor de trabalho, a partir das palavras de Aguiar e Oliveira (2000), os quais evidenciam essa problemática através de constatações estatísticas e seus reflexos ao gerenciamento das organizações:

> O absenteísmo tem sido um problema crítico para as organizações e para os administradores. É complexo e pode ter como causas e conseqüências diversos fatores. Preocupa as organizações, pois, gera atrasos no andamento dos trabalhos, sobrecarrega os trabalhadores que estão presentes, afeta significativamente a produtividade e conseqüentemente, diminui a qualidade de serviços prestados aos seus clientes (AGUIAR, OLIVEIRA, 2000, p. 96).

Conforme apresentado, as consequências do absenteísmo rompem com toda uma rotina de estudos, alterando o cotidiano escolar, o qual transgride no direito dos alunos ao acesso do conhecimento pleno e sistematizado previamente estabelecido em momentos de planejamento coletivo bi, tri ou semestrais.

ABSENTEÍSMO, ENSINO, LEGISLAÇÃO E CONTRAPOSIÇÕES

Paradoxalmente desanimador, a ausência de um professor em seu dia/horário de aula interrompe as expectativas dos discentes em elevar seu aprendizado a um novo nível de superação do campo do saber, nada mais frustrante ao âmago dos princípios formativos ao ser informado "o professor faltou, vocês foram liberados".

Em um país com proporções geográficas continentais, o absenteísmo docente acaba se deflagrando como um dos maiores agravantes do sistema educacional brasileiro, acarretado por outras inúmeras instabilidades de natureza ocupacional, financeira e psicológica do profissional.

Segundo dados do documento "Um Ajuste Justo - Análise da Eficiência e Equidade do Gasto Público no Brasil", promovido pelo Grupo Banco Mundial (2017):

> Professores no Brasil dedicam uma parte do tempo em atividades pouco produtivas. Em média, professores usam somente 65% de seu tempo para ensinar, ao passo que, segundo melhores práticas internacionais, o ideal seria 85%. Também é necessário reduzir o absenteísmo entre os professores. Em São Paulo, por exemplo, o índice chega a 16% e, em Pernambuco, a 10% (em comparação a 5% nos EUA). As ausências estão relacionadas a fatores ambientais (trânsito, violência, calor, estresse), mas também são causadas por leis permissivas que concedem licenças por muitos motivos não verificáveis. Além disso, desvinculação entre desempenho, estabilidade e remuneração, e mecanismos frágeis de monitoramento e controle fazem com que professores tenham pouco incentivos a manter frequência adequada (MUNDIAL, 2017, p.130).

Diante do excerto, torna-se evidente o risco que a educação brasileira enfrenta por não se articular pedagogicamente diante de situações relacionadas às ausências de professores, sendo isso refletido negativamente diante do cenário global,

Acerca das leis que incumbem o absenteísmo no Brasil englobam-se para tratamento de saúde do servidor público conforme prevê a Lei nº 8.112, de 1990, o Decreto nº 7.003, de 09/11/2009 e ON SRH/MP nº 03, de 23/02/2010, republicada em 18/03/2010; 2. do segurado do Regime Geral de Previdência Social (Arts. 59 e 60 § 4º da Lei nº 8.213, de 1991).

O PAPEL DAS MÍDIAS EDUCACIONAIS

As mídias educacionais exercem considerável relevância no desenvolvimento dos processos de ensino. No entanto, em muitos casos, a abordagem desses recursos se confunde ou, no mínimo, acabam não sendo administrados de maneira pedagógica, conforme procede na teoria, mas, sim, utilizados como uma espécie de "tapa buraco", desconsiderando sua proposta pedagógica e suas significativas contribuições para a formação discente de qualidade.

> A simples introdução dos meios e das tecnologias na escola pode ser a forma mais enganosa de ocultar seus problemas de fundo sob a égide da modernização tecnológica. O desafio é como inserir na escola um ecossistema comunicativo que contemple ao mesmo tempo: experiências culturais heterogêneas, o entorno das novas tecnologias da informação e da comunicação, além de configurar o espaço educacional como um lugar onde o processo de aprendizagem conserve seu encanto (MORAN, 2007, p. 1).

A partir do excerto acima se pode inferir que as mídias educacionais, em muitas situações, acabam não atingindo seus objetivos pedagógicos devidos a motivos de naturezas diversas, seja devido ao despreparo formativo como, também, pela falta de uma organização cultural que estimule, oriente e habilite o aluno a inserir essa prática em seu dia-a-dia escolar, bem como pessoal, pois as tecnologias da informação e comunicação nos cercam em todos os setores da sociedade e acaba se tornando um paradoxo das práticas educativas ao excluí-las dos processos de ensino de forma organizada.

Os professores, de maneira geral, devem ser habilitados à produção de material midiático de qualidade que possam ser aplicados com ou sem a presença dos mesmos, em momento de ampliação da aprendizagem ou para suprir, de fato, a ausência do docente, quando este amparado legalmente. Esse momento ampliaria o repertório docente, tendo a experiência de produzir mídias visuais e/ou digitais uma necessidade iminente e preventiva.

Em Silva e Oliveira (2010):

> [...] podemos destacar que as mídias influenciam de forma intensa o cotidiano dos alunos, por isso os educadores precisam explorar esses recursos, de modo a usar o vídeo em consonância com a constituição integral dos discentes. Essa ferramenta didática possibilita agregar conhecimentos diversos a temática a ser discutida, bem como a socialização dinâmica do ato de aprender (SILVA, OLIVEIRA, 2010, p. 5).

Além de possibilitar novas abordagens metodológicas, em meio educacional, o professor que lançar mão das mídias educacionais e utilizá-las ao seu favor e, consecutivamente, aos alunos, estará proporcionando a aplicação de tais ferramentas de maneira ativa e não simplesmente passageira como, por exemplo, promover a apreciação de produções aleatoriamente, sendo sua atuação em vídeo um momento onde os alunos sentirão o reflexo positivo de que tal aula foi preparada com atenção e orientação e para que os mesmos pudessem dar continuidade aos seus estudos, de maneira ininterrupta.

APONTAMENTOS METODOLÓGICOS

Nesta seção, buscamos apresentar os procedimentos metodológicos do estudo, bem como o tipo de pesquisa utilizado, instrumentos de coleta de dados, sujeitos e espaços de pesquisa.

O presente estudo baseia-se na abordagem de pesquisa qualitativa, a qual, segundo Gil (1999), não utiliza, necessariamente, métodos e/ou técnicas baseados em dados estatísticos ou quantitativos, onde o próprio ambiente pesquisado é fonte direta para tal coleta, sendo o pesquisador o instrumento-chave. Outra vertente dessa abordagem metodológica diz respeito ao fato da relação intrinsecamente direta e dinâmica entre mundo e sujeito, ou seja, apresenta uma indissociação entre mundo e objeto de estudo, não sendo possível sua interpretação através de números.

Com orientação de natureza aplicada, esta busca produzir conhecimentos para aplicação prática e dirigidos à solução de problemas específicos, abrangendo verdades e interesses locais (GIL, 1999). A este tipo de pesquisa atribui-se a perspectiva de vislumbre de conhecimentos a partir de uma problemática específica (COLLIS, HUSSEY, 2005), aqui deflagrada como absenteísmo docente com vistas a estratégias embasadas em suportes pedagógicos, através das mídias educacionais.

Os objetivos traçados ancoram-se na perspectiva exploratória, haja vista que o tipo de pesquisa utilizado é voltado para pesquisadores que possuem pouco conhecimento sobre o assunto pesquisado, pois, geralmente, há pouco ou nenhum estudo publicado sobre o tema (COLLIS, HUSSEY, 2005).

Embasado, essencialmente, em uma pesquisa de campo, essa se caracteriza por ser uma fase do estudo onde os pesquisadores atuam na prática investigativa, após o estudo bibliográfico (CARNEVALLI, MIGUEL, 2001).

UNIVERSO AMOSTRAL DA PESQUISA

A pesquisa foi desenvolvida com o intuito de reportar, especificamente, gestores de instituições de ensino público e privado, aleatoriamente, onde os pesquisadores participaram do programa de formação do Novo Ensino Médio – NEM, para Diretorias Regionais – DIREC e escolas participantes do projeto piloto do Novo Ensino Médio do Rio Grande do Norte, promovido pela Secretaria de Estado da Educação e da Cultura, no período de 17 e 18 de julho de 2019.

Assim, o estudo contou com a participação de oito gestores, intitulados anonimamente no estudo por GEST1, GEST2, GEST3..., os quais assinaram seus devidos Termos de Consentimento Livre Esclarecido (TCLE) para que o estudo pudesse amparar-se sob a égide da transparência, fidelidade e credibilidade máxima.

MATERIAIS E MÉTODOS

Para coleta de dados, foi proposto um questionário virtual, através do Formulário *Google®*, composto por seis perguntas de natureza objetiva e subjetiva, acerca da temática em foco, onde os participantes puderam contribuir ao estudo a partir das relações propostas entre professores/absenteísmo/discentes. As questões propostas seguem:

- Na escola em que é gestor (a), quais os recursos midiáticos que são disponibilizados ao trabalho docente?
- Na escola em que é gestor (a), o laboratório de informática possui profissional qualificado para atendimento?
- Na ausência do professor, em seu horário de aula, qual providência é tomada quanto à administração dos alunos na escola em que é gestor (a)?
- Após a ausência do professor, na escola em que é gestor (a), qual proposta pedagógica é tomada para repor as aulas não ministradas?
- A reposição de aulas, na escola em que é gestor (a), através de recursos midiáticos, é uma alternativa coerente ao regimento e PPP da escola? Comente.
- A escola em que é gestor (a), promove formação continuada na área de mídias na educação?

Tais questionamentos foram formulados a partir da análise bibliográfica elencada para compor o referencial teórico do estudo, direcionados de acordo com as condições de disponibilidade e administração das mídias educacionais nas escolas, bem como a oferta de profissionais capacitados para auxiliar na administração e uso de tais equipamentos.

RESULTADOS

Os gestores, quando indagados sobre quais recursos midiáticos são disponibilizados aos docentes nas escolas que dirigem, apresentaram respostas muito semelhantes e que dizem respeito aos aparelhos eletrônicos disponibilizados em estabelecimentos comerciais de equipamentos de informática, regularmente enviados das secretarias de educação locais, como: computadores; *notebooks*; lousa digital; TV; aparelho de *DVD*; projetor multimídia; *tablet*; caixa amplificadora de som.

Em meio a um vasto investimento em tecnologias para ampliar as possibilidades educacionais dos alunos, a resposta do GEST8 chamou bastante atenção: *"Só internet"* (GEST8). Tal situação acaba comprometendo a qualidade das aulas e distancia os alunos da inclusão e formação tecnológica adequada à escola contemporânea e à sociedade da informação.

A segunda questão trata de uma realidade vivenciada na maioria das escolas públicas pelo Brasil, a qualificação do profissional responsável pelo laboratório de informática, para um possível atendimento de qualidade às necessidades surgidas. Em resposta, 62,5% dos gestores anônimos que responderam o questionário indicaram que nas escolas que dirigem não possuía profissionais qualificados no laboratório de informática, conforme expresso no Gráfico 1:

Gráfico 1 - Resultados do questionamento 2

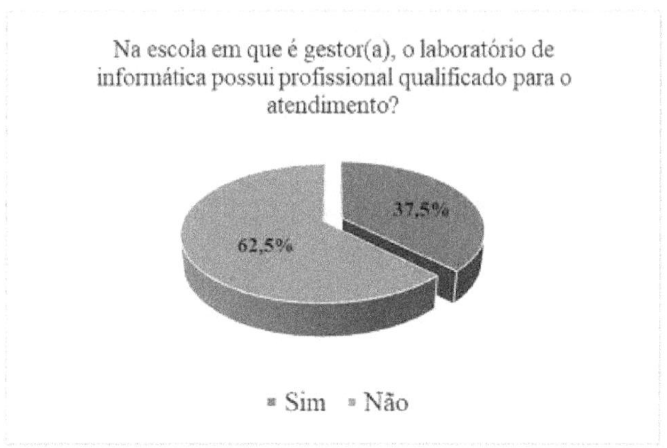

Fonte: ACERVO DO AUTOR.

Muitas vezes, o profissional que assume o laboratório é um professor que foi readaptado e não possui formação específica que possibilite um trabalho de qualidade, evidenciando a fragilidade com que são administradas as tecnologias digitais e expondo sua condição de segundo plano nos processos de ensino-aprendizagem da educação básica.

Os gestores puderam relatar quais providências são tomadas para administrar os alunos quanto à ausência do professor, em seu horário de aula. As respostas foram as mais diversas e realistas, observadas nas escolas: *"Os alunos são encaminhados para o pátio para aguardarem a próxima aula"* (GEST3), *"Os alunos ficam ociosos por falta de outro professor que assuma aquela aula vaga"* (GEST6), *"Adiantar a aula seguinte"* (GEST8). Esta última opção, conduz ao término antecipado das atividades do dia letivo e, por conseguinte, os alunos são dispensados as suas residências, o que evidencia o risco de permitir que os alunos ausentem-se do recinto escolar fora do horário programático, o que implica no atendimento imparcial destes, haja vista muitos dependerem de transporte público que, por obrigação, passa em horário previsto, por exemplo.

Quanto à ausência do professor, e posterior reposição das aulas não ministradas, os gestores revelaram que: *"Não há. Exceto em alguns casos em que o professor se disponibiliza"* (GEST5). E na tentativa de compensar, *"O professor, às vezes, deixa atividades quando possível"* (GEST8). Ou mesmo, por iniciativa dos gestores, ocorrem: *"Reposição aos sábados ou em atividades extracurriculares"* (GEST6). E por vezes é sugerido: *"Repor a aula de acordo com a disponibilidade do professor em outro momento"* (GEST3).

Indagados quanto à utilização de recursos midiáticos como alternativa à reposição de aulas e a coerência dessa abordagem metodológica, tanto nos termos do regimento interno quanto do Projeto Político-Pedagógico (PPP) da escola, podemos idealizar que a realidade vivenciada pelo GEST7 atinja todos os sistemas escolares: *"Os recursos midiáticos fazem parte da rotina da escola em quaisquer circunstâncias. A proposta é coerente com o PPP"* (GEST7). Porém, esta ainda não é uma realidade, pois 50% dos gestores participantes revelaram que este tipo de metodologia não é coerente com o regimento nem tampouco com o PPP das escolas que dirigem.

Esta conjetura educacional deflagra um cenário repleto de agravantes quanto à compreensão e aplicabilidade dos recursos midiáticos nos sistemas de ensino, nota-se, claramente, o despreparo de muitos profissionais por estar atuando em setores diferentes de sua formação, os quais se submetem a este tipo de remanejamento funcional, por motivos diversos, desde a impossibilidade de ministrar suas aulas regulares por razões de saúde, quanto, também, dos privilégios adquiridos com o tempo em docência.

Em relação à promoção de formação continuada na área de mídias na educação, 62,5% dos gestores assinalaram que não é promovida nas escolas que dirigem.

Gráfico 2 - Resultados do questionamento 6

Fonte: ACERVO DO AUTOR.

Tal situação é percebida quando em pleno século XXI, na era da informação, os professores resistem em utilizar a tecnologia e mídias digitais para ampliar as possibilidades educacionais dos alunos.

CONSIDERAÇÕES

Após a análise e exposição dos dados, é possível inferir que o absenteísmo é uma prática de direito do profissional que atua seja no campo da educação como de outros setores. No entanto, essa prática acaba acarretando inúmeras consequências de defasagem nos processos de ensino-aprendizagem, onde tal ocorrência não deveria surtir o efeito negativo que surte se a escola, bem como toda equipe pedagógica estivesse preparada para articular alternativas de atendimento educacional, orientado, aqui, através das mídias educacionais.

O estudo evidencia uma das múltiplas contribuições das mídias educacionais no cotidiano escolar. O professor deve lançar mão de ferramentas que façam valer sua funcionalidade e não se sentir vitimado diante da necessidade de ausência. A preparação e produção de mídias devem ser articuladas juntamente à equipe pedagógica da instituição de ensino, onde o professor pode oferecer a oportunidade da continuidade de determinadas aulas aos seus alunos.

Assim, as mídias educacionais se apresentam como alternativa plausível e viável aos reflexos gerados pelo absenteísmo docente, que, de fato, é de direito do servidor público, nas três instâncias da federação brasileira, mas que o ensino-aprendizagem sofra os mínimos reflexos dessa ocorrência.

REFERÊNCIAS

AGUIAR, Gizele de A. Souza; OLIVEIRA, Jannie Rodrigues de. Absenteísmo: suas principais causas e conseqüências em uma empresa do ramo de saúde. *Revista de Ciências Gerenciais*, v. XIII, n. 18, 2000.

BRASIL. Decreto nº 7.003, de 9 de novembro de 2009. *Regulamenta a licença para tratamento de saúde, de que tratam os arts. 202 a 205 da Lei no 8.112, de 11 de dezembro de 1990, e dá outras providências*. Brasília-DF, jul. 2019.

BRASIL. Lei nº 8.112, de 11 de dezembro de 1990. *Dispõe sobre o regime jurídico dos servidores públicos civis da União, das autarquias e das fundações públicas federais*. Brasília-DF, jul. 2019.

BRASIL. Lei nº 8.213, de 24 de julho de 1991. *Dispõe sobre os Planos de Benefícios da Previdência Social e dá outras providências*. Brasília-DF, jul. 2019.

BENTO, Luciana; BELCHIOR, Gerlaine. *Mídia e educação:* o uso das tecnologias em sala de aula (2017). Disponível em: http://revistas.ufcg.edu.br/cfp/index.php/pesquisainterdisciplinar/article/download/98/104 .Acesso em: 10 jul. 2020.

CARNEVALLI, José Antonio; MIGUEL, Paulo Augusto Cauchick. *Desenvolvimento da pesquisa de campo, amostra e questionário para realização de um estudo tipo Survey sobre a aplicação do QFD no Brasil*. Disponível em: http://www.abepro.org.br/biblioteca/enegep2001_tr21_0672.pdf. Acesso em: 8 jul. 2019.

COLLIS, Jill; HUSSEY, Roger. *Pesquisa em administração:* um guia prático para alunos de graduação e pós-graduação. 2. ed. Porto Alegre: Bookman, 2005.

CONSTITUIÇÃO (1988). *Constituição da República Federativa do Brasil*. Brasília, DF: Senado Federal: Centro Gráfico, 1988. 498 p.

GIL, Antonio C. *Métodos e técnicas em pesquisa social*. 5. ed. São Paulo: Atlas, 1999.

GOOGLE Docs. Disponível em: https://www.google.com/docs/about/. Acesso em: 30 jun. 2019.

MORAN, José. *As mídias na educação.* 3. ed. São Paulo: Paulinas, 2007.

MUNDIAL, Grupo Banco. *Um Ajuste Justo - Análise da Eficiência e Equidade do Gasto Público no Brasil.* Disponível em: http://documents.worldbank.org/curated/en/884871511196609355/pdf/121480-REVISED--PORTUGUESE-Brazil-Public-Expenditure-Review-Overview-Portuguese-Final-revised.pdf. Acesso em: 28 jul. 2019.

SILVA, Rosilma Ventura da; OLIVEIRA, Elisangela Mercado de. *As possibilidades do uso do vídeo como recurso de aprendizagem em salas de aula do 5º ano.* V EPEAL 2010. Disponível em: http://www.pucrs.br/ciencias/viali/tic_literatura/artigos/videos/Pereira_Oliveira.pdf. Acesso em: 28 jul. 2019.

TAVARES, Priscilla Albuquerque; CAMELO, Rafael de Sousa; KASMIRSKI, Paula Reis. *A falta faz falta?* Sobre o absenteísmo dos estudantes da rede estadual de ensino e sobre o desempenho escolar, Anais do XXXVII Encontro Nacional de Economia, ANPEC - Associação Nacional dos Centros de Estudos-Graduação em Economia [Associação Brasileira de Programas de Pós-Graduação em Economia], 2011.

CAPÍTULO VII

DOCÊNCIA EM MEIO ÀS POSSIBILIDADES DE ATENDIMENTO EDUCACIONAL ESPECIALIZADO

Rosimar Melo Gonçalves de Sousa Guimarães
(Mestranda em Ciências da Educação - ISCECAP)

Dominique de Oliveira Batista Lima
(Mestranda em Ciências da Educação - ISCECAP)

A inclusão implica uma reforma radical nas escolas em termos de currículo, avaliação, pedagogia e formas de agrupamento dos alunos nas atividades de sala de aula. Ela é baseada em um sistema de valores que faz com que todos se sintam bem-vindos e celebra a diversidade que tem como base o gênero, a nacionalidade, a raça, a linguagem de origem, o background social, o nível de aquisição educacional ou a deficiência.

PETER MITTLER

Este estudo foi desenvolvido sob a perspectiva das atribuições e possibilidades que o professor em Atendimento Educacional Especializado-AEE possui para poder desenvolver sua sublime função de apoio pedagógico, no que se refere aos estudantes que possuem diferentes tipos de deficiências, isto é, múltiplas deficiências, como, por exemplo, deficiência visual, deficiência auditiva, deficiência mental, deficiência física e/ou deficiência múltipla.

O ambiente escolar é o espaço de iniciação à inclusão da pessoa com deficiência em sociedade, é lá que a criança desenvolverá suas habilidades físicas e psicomotoras em prol do melhor rendimento e Vicência em sociedade. Uma criança com deficiência fora da escola ficará à margem da qualidade de vida, assim, a escola é, portanto, um dos ambientes de proteção assim como a família.

O estudo pauta-se nos documentos e orientações oficiais brasileiras no que rege o AEE e as atribuições do profissional da referida área. Como a Lei 13.146/2015 Decreto nº 6.571/08, legislação esta que ampara, protege e outorga garantias no desenvolvimento escolar e social da pessoa com deficiência no Brasil.

Ter esse cuidado na escola pública, especialmente, confere a mesma a preocupação com todos os alunos que nela estuda, compreender que o aluno com deficiência precisa ser tratado diferencialmente não quer dizer dar mais educação a ele e, sim, oferecer estratégias que viabilizem sua compreensão sobre os ensinamentos da aula regular, ao mesmo tempo que ele se ver passando por desafios que outros colegas também passam, no que se refere à dificuldade de aprendizagem, salvo à deficiência intelectual. O papel do profissional em AEE é de suma importância, a partir do mento em que assume o papel intermediador entre professor regente e aluno deficiente, um labor a ser prezado, valorizado e exaltado.

Assim, o estudo se apresenta como uma discussão acerca da relevância desse profissional no processo de formação acadêmica do aluno com deficiência.

A HISTÓRIA DA EDUCAÇÃO PARA PESSOAS DEFICIENTES NO BRASIL

Falar sobre a origem da atenção à pessoa com deficiência reflete em resgatar a lembrança do desprezo que se era atribuído a estas pessoas, pois ser deficiente, por muitos anos, foi sinônimo de total insignificância e, até, de eliminação do ser humano por pressupostos preconceituosos e religiosos que atribuíam às deficiências questões de pecados e castigos e que a natureza deveria "tomar de conta", ou seja, deixar essas pessoas ao léu, sem abrigo ou cuidados especiais, haja vista que seus pais a rejeitavam por temer cuidar do "escárnio" humano, em outras palavras, Deus "não se agradaria".

No Brasil dos dias de hoje, muito já foi conquistado, através das políticas públicas, para com a pessoa com deficiência: leis e garantias de inclusão escolar, social e profissional. No entanto, o preconceito ainda jaz em sociedade, a falta de atenção faz com que a pessoa com deficiência se sinta desprezada por razões fúteis como aparência, por exemplo. Desvaloriza-las requer uma conscientização da população para que compreendamos que a unidade humana é igualitária, ninguém tem poderes maiores que outros e que o materialismo não servirá como pilar para se manter a amizade, a fidelidade e a compreensão entre os seres.

Nas palavras de Batista (2006), temos uma visão bastante abrangente acerca da visão da pessoa deficiente em sociedade brasileira:

> [...] durante o Brasil Império, as pessoas com deficiências mais acentuadas, impedidas de realizar trabalhos braçais (agricultura ou serviços de casa) eram segregadas em instituições públicas. As demais conviviam com suas famílias e não se destacavam muito, uma vez que a sociedade, por ser rural, não exigia um grau muito elevado de desenvolvimento cognitivo. No segundo momento, ao mesmo tempo em que surgia a necessidade de escolarização entre a população, a sociedade passa a conceber o deficiente como um individuo que, devido suas limitações, não podia conviver nos mesmos espaços sociaisque os normais – deveria, portanto, estudar em locais separados e, só seriam aceitos na sociedade aqueles que conseguissem agir o mais próximo da normalidade possível, sendo capazes de exercer as mesmas funções. Marca este momento o desenvolvimento da psicologia voltada para a educação, o surgimento das instituições privadas e das classes especiais (BATISTA, 2006 p. 37).

Conforme exposto, o histórico do deficiente no Brasil é gradativo, inicialmente por ser de grande parte rural a população deficiente era simplesmente exposta em rua para medir esmolas ou deixadas em casa para desenvolver atividades que estivessem em seus limites, onde o grau de educação era, praticamente, zero.

Paralelamente aos tempos de outrora, hoje, o processo de educação de pessoas deficientes ainda se configura sob as premissas da resistência familiar e social em hesitar o apoio inclusivo daqueles que nasceram desprovidos de habilidades sadias de ordem física e/ou psicológicas; vergonha, desprezo, preconceito, frustração, dentre outros sentimentos parecem acompanhar a decisão em valorizar a pessoa deficiente nos mais diversos setores da sociedade, a impressão de que estas pessoas não serão independentes é uma das más impressões formadas precipitadamente quanto à ascensão humana, especulando a não garantia de estabilidade emocional, financeira e profissional suficiente. Nesse contexto, há-se a necessidade de se trabalhar a conscientização de famílias de pessoas com deficiências de que, dependendo do grau de suas deficiências, o ser humano pode ter oportunidade de tentar, de experimentar diferentes possibilidades de expressão e colaboração em prol dos demais.

A seguir, serão apresentadas as premissas legais de amparo e proteção à pessoa deficiente, especificamente, ao que tange ao sistema educacional brasileiro.

LEI N° 8.069/90 - ESTATUTO DA CRIANÇA E DO ADOLESCENTE

Com a criação do Estatuto da Criança e do Adolescente – ECA foi onde a pessoa deficiente pode ser amparada nos termos da Lei a seguir:

> § 1º A criança e *o adolescente portadores de deficiência receberão atendimento especializado.*

> *III – atendimento educacional especializado aos portadores de deficiência, preferencialmente na rede regular de ensino;*
>
> *Art. 66. Ao adolescente portador de deficiência é assegurado trabalho protegido.*
>
> § 3º Os adolescentes portadores de doença ou deficiência mental receberão tratamento individual e especializado, em local adequado às suas condições.
>
> *II – de atendimento educacional especializado aos portadores de deficiência (BRASIL, 1990).*

Assim, regidas por essa lei protetora, a pessoa com deficiência conta a mínima preocupação por parte da legislação e órgãos públicos em garantir sua presença em escolas, centros educacionais, bem como profissionais, etc.

No entanto, a valorização da pessoa deficiente não pode ser medida apenas através da instauração de instâncias e determinações legais, faz-se necessário, também que a população seja conscientizada de seu papel social, fiscalize e ponha em prática ações de empatia e receptibilidade, assim com a respectiva expectativa de tratamento para pessoas não deficientes. inferem que a população deve posicionar-se quanto à reflexão crítica das ações do Estado, bem como o significado destas para as especificidades de cada situação, além da revisão e tomada de decisão (SIMÕES, SIMÕES, 2015).

Desta forma, os autores evidenciam a importância da participação social na tomada de partido a favor da luta e conquista de direitos para todos.

As ações de políticas públicas exercem grande papel nesse processo de valorização e promoção da pessoa deficiente. Profissionais especializados ministram aulas em programas de preparo e orientação a estudantes deficientes, especialmente, ao que se refere à preparação do jovem para o mercado de trabalho, trabalhando a inserção desses em meio aqueles que já exercem funções de atendimento e prestação de serviços, diminuindo, significativamente, obstáculos de natureza preconceituosa, demonstrando a si, e aos demais, seu potencial.

LEI 13.146/2015 LEI BRASILEIRA DE INCLUSÃO DA PESSOA COM DEFICIÊNCIA

Mais conhecida como o Estatuto da Pessoa com deficiência, agora é nomeada como a Lei Brasileira de Inclusão, Lei nº 13.146 de 2015, a qual ampliou os direitos da pessoa deficiência em relação à educação, a saúde, ao trabalho e às adaptações em ambientes públicos como, por exemplo, rampas, corrimãos, banheiros adaptados, pisos, elevadores, etc.

O grande diferencial dessa Lei para a educação inclusiva foi a promoção de profissionais da educação para atuarem com crianças deficientes na escola, além de aumentar a frota de transporte escolar e, consequentemente, mais acentos especiais. Tais conquistas refletem, positivamente, ao desenvolvimento da criança deficiente e do profissional que dela realiza acompanhamento.

Efetivamente, essa lei reforça a conscientização e valorização da pessoa deficiente, não a superlativando perante as demais, mas destacando suas possibilidades e direito de ir-e-vir, conforme expresso na Constituição Federal.

Para Costa (2006):

> O postulado máximo da dignidade da pessoa humana, consagrado em nossa Lei Maior como fundamento republicano brasileiro, assegura a todos uma existência digna e com justiça social, sempre com respeito às qualidades peculiares e distintivas de cada ser humano. Fulcrada em tal postulado, a Constituição Federal de 1988 representou importante marco na proteção jurídica das pessoas portadoras de deficiência, com previsão de metas de inclusão e acessibilidade, a fim de propiciar os meios necessários de inclusão e integração social de qualquer cidadão (COSTA, 2006, p. 174).

Dessa forma, percebe-se o grau de relevância entre a situação da pessoa deficiente com a criação de leis que as protejam do desamparo não apenas de ações e situações preconceituosas, mas, também, daqueles de ordem técnica como o profissional, à acessibilidade arquitetônica dos espaços públicos e privados, por exemplo.

Um país que promove ações de garantia à estabilidade e expressividade vital dos cidadãos com deficiências salta aos olhos do mundo por desempenhar, substancialmente, o papel da dignidade cidadã, transparecendo as ações que são promovidas em prol da valorização de todos os indivíduos, sem juízo de valor e, sim, oportunizando sua prática social. Dar-lhes esse direito é fazer valer o que integra a Constituição Federal "Toda pessoa com deficiência tem o direito a que sua integridade física e mental seja respeitada, em igualdade de condições com as demais pessoas" (BRASIL, 1988, p.403).

DECRETO N° 6.571/08 - DISPÕE SOBRE O ATENDIMENTO EDUCACIONAL ESPECIALIZADO - AEE

Um dos principais conceitos legais que desenvolveram a presença do deficiente na escola foi o Decreto Nº 6.571/08, o qual recebeu grande influência das Nações Unidas, após o Brasil ter se tornado membro da Convenção da Organização das Nações Unidas sobre os Direitos das Pessoas com Deficiência (EUA), com o então presidente da república, Luiz Inácio Lula da Silva. Em síntese, a referida Lei estabelece o Atendimento Educacional Especializado - AEE, indicando o desenvolvimento de atividades e recursos pedagógicos especiais que pudessem atender às especialidades das deficiências apresentadas em alguns alunos com limitações psicológicas e físicas ao mesmo tempo em que estes se encontravam em ensino regular. Com a criação desse decreto a verba dos municípios na área da educação recebeu aumento para que se cobrissem gastos com adaptações físicas e aquisição de materiais pedagógicos, além da manutenção do profissional da área.

Para Sadim e Matos (2013):

> O atendimento educacional especializado deve se integrar à proposta pedagógica de todas as escolas para garantir o acesso de todos os educandos à escolarização de qualidade. E de acordo

> com o § 1º, considera-se atendimento educacional especializado, o conjunto de atividades, recursos de acessibilidade e pedagógicos organizados institucionalmente, prestado de forma complementar ou suplementar à formação dos alunos no ensino regular (SADIM; MATOS, 2013, p. 1157).

Longe de sanar todos os problemas enfrentados por pessoas com deficiência, o referente decreto amplia o alcance da atuação do AEE, onde, para Cavalcante (2012):

> Já o decreto 6.571, de 2008, acrescentou um dispositivo à legislação anterior: o AEE poderia ser oferecido pelos sistemas públicos de ensino ou pelas instituições comunitárias, confessionais ou filantrópicas sem fins lucrativos, com atuação exclusiva na educação especial, conveniadas com o poder público. Por último, o polêmico decreto 7.611. Se o artigo 4º afirma que o poder público estimulará o acesso ao AEE de forma complementar ou suplementar ao ensino regular, assegurando a dupla matrícula, o parágrafo 1º do artigo 14 diz que serão consideradas, para a educação especial, tanto as matrículas na rede regular de ensino como nas escolas especiais ou especializadas (CAVALCANTE, 2012, p. 3).

Esse decreto foi criado para garantir os direitos à pessoa deficiente, servindo-a como referência à realização de atividades pedagógicas amparadas pelo Atendimento Educacional Especializado com vistas à promoção de novas perspectivas em sala de aula.

A importância de se estabelecer uma legislação unificadora diz respeito à promoção de uma educação especializada

que abranja todas as esferas legislativas e executivas do país, tendo em vista à promoção de um ensino de qualidade e com recursos para que este se concretize e faça valer os princípios constitucionais.

ATRIBUIÇÕES DO PROFISSIONAL EM ATENDIMENTO EDUCACIONAL ESPECIALIZADO - AEE

O (multi) profissional da educação responsável pelo trabalho pedagógico com crianças com deficiências deve exercer seu empenho através das propostas de conteúdos programáticos pelo professor regente, obviamente, levando em conta as condições dos alunos deficientes. O profissional especializado no AEE precisa estar preparado para desempenhar um trabalho educacional e, mais ainda, humanista, haja vista o cuidado, a consideração, o respeito que este deverá envolver em sua prática pedagógica.

Em suma, nos termos legais da Prefeitura de Guamaré/RN, no âmbito da providência educacional, as atribuições pedagógicas do profissional de AEE/Sala Multifuncional são:

> Participar da elaboração da Proposta Pedagógica da Escola; elaborar e cumprir seu plano de trabalho, segundo a Proposta Pedagógica do Estabelecimento de Ensino; zelar pela aprendizagem dos alunos; Participar das reuniões de pais, reuniões pedagógicas, encontros de formação, seminários e outros, promovidos pela Secretaria Municipal de Educação; elaborar, executar e avaliar o Plano de AEE contemplando: a identificação das habilidades e necessidades educacionais

específicas do aluno; a definição e a organização das estratégias, serviços e recursos pedagógicos e de acessibilidade; o tipo de atendimento conforme as necessidades educacionais específicas do aluno; o cronograma do atendimento e a carga horária individual ou em pequenos grupos; programar, acompanhar e avaliar a funcionalidade e a aplicabilidade dos recurso pedagógicos e de acessibilidade no AEE, na sala de aula comum e nos demais ambientes da escola; produzir matérias didáticos e pedagógicos acessíveis, considerando as necessidades educacionais específicas dos alunos e os desafios que estes vivenciam no ensino comum, a partir dos objetivos e das atividades propostas no currículo; estabelecer a articulação com os professores das salas de aula e com os demais profissionais da escola, visando à disponibilização dos serviços e recursos e o desenvolvimento de atividades para a participação e aprendizagem dos alunos nas atividades escolares, bem como as parcerias com áreas Intersetoriais; Orientar os demais professores e as famílias sobre os recursos pedagógicos e de acessibilidade utilizados pelos alunos de forma a ampliar suas habilidades, promovendo sua autonomia e participação; desenvolver atividades próprias do AEE, de acordo com as necessidades educacionais específicas do aluno: ensino da Língua Brasileira de Sinais – Libras para alunos com surdez; ensino da Língua Portuguesa escrita para alunos com surdez; ensino da Comunicação Aumentativa e Alternativa – CAA; ensino do sistema Braille, do uso do soroban e das técnicas para a orientação e mobilidade para alunos cegos; ensino da informática acessível e do uso dos

> recursos de Tecnologia Assistiva – TA; ensino de atividades de vida autônoma e social; orientação de atividades de enriquecimento (GUAMARÉ, 2019, p. 3).

De acordo com a Lei Municipal nº 2.670/2017 de Cerro Largo/RS, as atribuições do profissional em AEE são:

> I. Manter parceria com os gestores e demais profissionais da escola;
>
> II. Proporcionar formação de gestores, educadores e demais profissionais da escola na Perspectiva de uma Educação Inclusiva utilizando os momentos de HTCs; em comum acordo com o coordenador pedagógico.
>
> III. Possibilitar espaços de discussão com os demais professores da unidade escolar, bem como professores dos alunos atendidos de outras unidades quando houver(em dias e horários a definir), estabelecendo metas comuns relativas ao aluno em questão.
>
> IV. Identificar, elaborar, produzir e organizar serviços, recursos pedagógicos, de acessibilidade e estratégias considerando as necessidades específicas dos alunos público-alvo da Educação Especial;
>
> V. Orientar quanto as estratégias já utilizadas nas Salas de AEE, buscando junto ao professor regente do ensino regular novas estratégias;
>
> VI. Orientar os professores da sala regular sobre as TAs (Tecnologias assistivas) para favorecer o aluno no aprendizado do seu dia-a-dia

possibilitando adequação especifica para cada caso.

VII. Elaborar e executar Plano Individual do AEE, avaliando a funcionalidade e a aplicabilidade dos recursos pedagógicos e de acessibilidade;

VIII. Participar dos conselhos de classe das salas de aula regular dos alunos atendidos quando houver possibilidade e necessidade.

IX. Participar da orientação e apoio às famílias dos alunos, junto aos gestores da escola; sobre os recursos pedagógicos e de acessibilidade utilizados pelo aluno;

X. Realizar avaliação inicial (observação e registro no plano de AEE), manter avaliação contínua bimestralmente com relatório descritivo, relacionando ao Plano de AEE.

XI. Planejar os atendimentos e manter registro conforme orientações; encaminhando os relatórios quando necessário;

XII. Participar de reuniões junto à secretaria, com finalidade de orientações, troca de saberes, suportes técnicos, encaminhamentos etc.

XIII. Agendar reuniões, bimestralmente, com os pais dos alunos atendidos.

XIV. Encaminhar o aluno para atendimento específico no ambito da saúde, quando houver necessidade (oftalmologista, fonoaudiólogo, psicólogo, psiquiátra, terapia ocupacional, fisioterapia, etc.).

XV. Estabelecer, sempre que pertinente parceria com as áreas intersetoriais na elaboração de estratégias e na disponibilização de recursos de acessibilidade;

XVI. Realizar, caso tenha interesse, os cursos ofertados pela Secretaria de Educação visando formação continuada e aprimoramento da qualidade do Atendimento Educacional Especializado.

XVII. Manter a Coordenação do AEE atualizada sobre listagem de alunos atendidos, frequência (mensal) e possíveis desligamentos.

XVIII. Promover e garantir a participação dos alunos atendidos em todos os ambientes e ações escolares que fazem parte da integração bio psico social do aluno, tais como: intervalo, excursões, atividades esportivas e culturais.

XIX. Manter a organização e manutenção da sala de atendimento junto aos gestores da Unidade Escolar.

XX. Orientar a ADI quanto ao atendimento e na confecção de materiais e outros trabalhos.

XXI. Solicitar transporte escolar junto aos gestores.

A partir dos expostos, torna-se clara função do professor de AEE em fazer a diferença na vida de alunos com deficiências. Seu papel é de suma importância no trabalho pedagógico, pois auxilia em inúmeros aspectos, desde o apoio à formação do indivíduo com deficiência.

O profissional do AEE desempenha um importantíssimo papel no apoio e orientação de crianças com deficiências aos estudos normativos, pois esse analisa e assessora estratégias para que tal ensino seja assimilado da melhor maneira possível por esses alunos. Assim, faz-se necessário, a articulação do Projeto Político Pedagógico da instituição de ensino para que esse atendimento esteja amparado em prol da efetividade do atendimento específico à cada peculiaridade e necessidade de ensino.

No entanto, o PPP da instituição não deve ferir ou segmentar a autonomia docente, pois todos os profissionais envolvidos detectarão, em suas aulas, as principais atividades a serem desenvolvidas com os alunos especiais, traçando propostas metodológicas viáveis, com grande ou baixo grau de desafio, conforme os limites de cada especialidade, gerando um perfil do corpo discente atendido, para que, todos, possam contribuir para um atendimento especializado efetivo e significativo.

O professor especializado presta serviços em várias escolas comuns que têm alunos com deficiência incluídos. Esse professor orienta os demais professores sugerindo intervenções e estratégias para facilitar o processo de inclusão, além de realizar atividades específicas com os alunos incluídos. No entanto, mesmo que esses não consigam alcançar os objetivos previamente estipulados e/ou a resolução das atividades, o fato de estar incluído no mesmo ambiente e estudando os mesmos aspectos de ensino, isso se configura inclusão, pois diante de necessidades todos os alunos poderão compartilhar suas dificuldades, auxiliar os colegas, na tentativa de envolver-se nas relações que o próprio ambiente oferece.

A função primordial do profissional do AEE é orientar o aluno especial conforme este demonstre suas dificuldades, sejam elas de caráter físico e/ou cognitivos, onde o referido profissional atuará na proposta de atividades a parte na tentativa de fazer com que os obstáculos enfrentados sejam estimulados com vistas à superação desses. Todavia, esse processo de superação de dificuldades não é algo simples, pois requer o esforço de todos os indivíduos envolvidos no processo educativo como professores, pais e responsáveis, alunos e agentes de saúde, todos contribuindo para a estabilidade de saúde emocional e psicológica desses alunos. O profissional do AEE é responsável pela intermediação entre as orientações da sala de aula regular com as condições de aprendizagem da criança com deficiência (RODRIGUES, 2018).

O apoio técnico de um profissional do AEE é imprescindível ao desenvolvimento de alunos especiais de uma comunidade escolar, pois esse ampliará as habilidades físicas e cognitivas dos alunos com deficiência, em prol da melhor forma de se adquirir os ensinamentos propostos no ensino regular. Este cenário de promoção da educação se configura como o ambiente propício à evolução de técnicas, estratégias de ensino, metodologias inovadoras e aperfeiçoamento profissional e, também, pessoal, haja vista o profissional do AEE desempenha um papel humanista na vida dos alunos e, dessa relação, tornar-se um profissional cada vez mais qualificado e realizado.

CONSIDERAÇÕES

Através da produção deste estudo, foi possível inferir novas concepções mais abrangentes e específicas quanto ao trabalho pedagógico realizado pelos profissionais do AEE, suas respectivas atribuições e papeis em comunidade escolar e sociedade. Transparecendo as atribuições desses profissionais, o estudo conseguiu evidenciar a necessidade da efetivação das determinações legais para o AEE, em especial, a atuação profissional qualificada e humanista daqueles que prestam serviço em meio educacional em prol do desenvolvimento das possibilidades psicomotoras de alunos deficientes, valorizando-os e ascendendo sua conquista em sociedade e valorizando suas habilidades em prol de uma vida realmente digna.

Conforme expresso por Costa (2006), a dignidade humana deve ser preservada por todos e para todos que compõem uma sociedade, onde as peculiaridades de todos os indivíduos não sejam alvo de injúrias e humilhações, mas que todas as ações sociais, bem como as políticas públicas, possam agir de modo a contemplar e valorizar as peculiaridades de cada um.

A pessoa deficiente no Brasil, ao longo do tempo, superou desafios, no entanto, ainda há outros para serem refletidos e requerem o olhar de políticas públicas especiais, pois o deficiente também faz parte da sociedade e muito podem contribuir para ela. Assim, o tratamento especial é fundamental, pois cuidando-se dessas pessoas elas poderão retribuir com seus conhecimentos da melhor maneira possível um dia.

Diante dos argumentos expostos por Sadim e Matos (2013), neste estudo, constata-se que o AEE não deve ser desenvolvido de maneira independente do sistema de ensino da instituição escolar, isto é, desvinculado da proposta pedagógica da mesma, onde tal atendimento deve ser realizado de maneira recíproca entre ensino regular, professor e aluno.

O levantamento bibliográfico selecionado para a produção desse estudo foi fundamental para a formulação e produção de uma análise reflexiva, quanto as atribuições do profissional do AEE, pois permitiu a realização de um diagnóstico panorâmico acerca da temática proposta. Através de leituras reflexivas, identificaram-se processos e reflexos de fatos históricos que culminaram nas atuais práticas da sociedade de hoje.

Salientando, ainda, que o espaço da sala de AEE não é o único ambiente para a promoção da aprendizagem de alunos deficientes, essa deve servir como apoio em contra turno aos estudos do ensino regular, além do mais, faz-se necessário a constante averiguação dos recursos materiais que essa necessita, em especial, às necessidades de cada aluno, pois na existência de alunos com maior grau de comprometimento de suas habilidades cognitivas, esses recursos físicos são essenciais ou, até mesmo, a necessidade de mais profissionais especializados nesse tipo de atendimento. A referida sala de AEE deve ser um ambiente acolhedor, acessível e atrativo ao público que a frequentará.

Diante de tudo apresentado e discutido aqui, nota-se, claramente, que a as atribuições do profissional do AEE não se resumem ao acompanhamento educacional de um aluno deficiente, mas, também de seu aperfeiçoamento profissional e das condições relativas ao seu bem-estar para lidar com as mais diversas dificuldades de aprendizado de alunos com múltiplas deficiências. Da mesma forma conclui-se que inclusão não é simplesmente o ato de matricular um aluno deficiente em uma escola de ensino regular e esperar que os profissionais que nela atuam assumam toda a responsabilidade pelo desenvolvimento desse aluno, fazendo-se primordial a presença e acompanhamento da família nesse processo de ensino-aprendizagem especializada. Em outros termos, o ambiente da sala do AEE que o profissional colocará em prática suas habilidades técnicas, onde fará uso dos materiais e apoio, desenvolver a empatia pelos e com os alunos ali frequentes e aplicará as orientações repassadas pelas famílias acerca do comportamento deles.

O estudo oportunizou a discussão acerca de um assunto que ainda se apresenta enquanto polêmico: o tratamento educacional especializado para crianças com deficiências e as atribuições do profissional que delas trata. O professor da sala regular não é alheio a esse processo, pois ele, juntamente com o professor de AEE, ambos deverão traçar estratégias para que ambos possam desenvolver um bom trabalho em sala de aula, contemplando todos os alunos e conferindo ao aluno especial um tratamento que o possibilite à realização de tarefas da melhor forma possível.

Diante das discussões promovidas nesse estudo, nota-se, claramente que a promoção da pessoa deficiente deve ter seu berço no âmbito familiar e escolar, de forma concomitante. Grande foi a luta em prol das conquistas para a ascensão do deficiente e muitas outras ainda estão por vir. A educação deve assumir o papel de promotora do acesso desse direito a todos, evitando toda forma de exclusão ou preconceito contra o aluno deficiente, além de oportunizar momentos em que os alunos se sintam valorizados não pelas suas deficiências, mas pelos seus desempenhos.

O profissional do AEE é relativamente recente, a qual envolve o atendimento a crianças deficientes em ambiente escolar regular e próprio, como a sala do AEE. Essa conjuntura de ambientes foi formulada para melhor atender as necessidades de cada aluno, onde em ambiente regular não seria confortável tanto para o profissional quanto para o próprio aluno em poder reforçar atividades de estímulo e percepção. A escola, enquanto mantenedora desse espaço de aprendizagem, deve estar atenta à disponibilidade e manutenção dos recursos próprios como materiais, mobília, climatização regular, dentre outros aspectos, para que se possa evitar situações negativas que comprometam o desenvolvimento das atividades a serem desempenhadas pelos professores quanto os alunos do AEE, assegurando-lhes o direito da efetiva concretização dos termos da lei.

Assim podemos inferir que essa é uma área de estudos recente, que requer, ainda, a produção de mais estudos que possam ampliar a discussão sobre a importância do profissional do AEE e de sua atuação enquanto profissional especializado no atendimento de crianças com deficiência dentro e fora do ambiente escolar. A princípio, faz-se necessário contrastar práticas de atendimento desse profissional em diferentes localidades em prol do estabelecimento de uma linha de atendimento correlato, referencial, contínua e acumulativa, essa última confere às práticas excepcionais de atendimento exitoso através de experiências singulares. Reitera-se, aqui, a necessidade de o profissional do AEE atuar de maneira conjunta a de outros profissionais da área da educação e saúde, haja vista a necessidade de acompanhamento de todas as esferas sociais de convívio com os alunos: familiar, escolar e médica.

Vale destacar, ainda, que o Brasil está em processo de adaptação e cumprimento das leis de apoio à pessoa deficiente, isto é, faz-se necessária a constante fiscalização do cumprimento de suas determinações, para que se cumpra o estabelecido como necessário e urgente. Comparado a legislação de outros países, nota-se que muito ainda há por aperfeiçoar até que tenhamos um atendimento condizente com o que pressupõe ser inclusão escolar e seu firmamento efetivamente eficiente.

No entanto, não cabe aqui promover uma discussão de cunho comparativo e ou pejorativo entre nações, mas sim, extrair as experiências exitosas de profissionais do AEE de outras localidades em prol de um norte viabilizador e exemplar, efetivado pelas ações de políticas públicas realmente preocupadas em fornecer uma educação de acesso a todos, sem distinção de nenhum aspecto estereotipado.

A partir da realização de novos estudos na área do AEE, poderemos discutir novas perspectivas relativas à inclusão da pessoa deficiente na educação básica, alcançando outros níveis de ensino como a Educação de Jovens e Adultos, cursos de nível de formação técnica, modalidades de ensino superior e pós-graduação, com o intuito, de cada vez mais, abrir espaço à discussão do espaço de direito da pessoa deficiente meio a sua formação acadêmica, contribuindo, ainda, para a efetivação de uma legislação de credibilidade, com vistas à qualidade do ensino nacional e suas mais diversas peculiaridades e necessidades.

REFERÊNCIAS

BATISTA, Cristina A. Mota. *Educação inclusiva:* atendimento educacional especializado para a deficiência mental. Brasília: MEC, SEESP, 2006.

BRASIL. [Constituição (1988)] *Constituição da República Federativa do Brasil:* texto constitucional promulgado em 5 de outubro de 1988, com as alterações determinadas pelas Emendas Constitucionais de Revisão nos 1 a 6/94, pelas Emendas Constitucionais nos 1/92 a 91/2016 e pelo Decreto Legislativo no 186/2008. Brasília: Senado Federal, Coordenação de Edições Técnicas, 2016. 496p.

BRASIL. Lei n. 13.146, de 6 de jul. de 2015. *Lei Brasileira de Inclusão da Pessoa com Deficiência.* Disponível em: http://www.planalto.gov.br/ccivil_03/_Ato2015-2018/2015/Lei/L13146.htm. acesso em: 18 abr. 2019.

BRASIL. Lei no 8.069, de 13 de julho de 1990. *Dispõe sobre o Estatuto da Criança e do Adolescente e dá outras providências.* Diário Oficial [da] República Federativa do Brasil, Brasília, DF, 16 jul. 1990. Disponível em: http://www.planalto.gov.br/ccivil_03/LEIS/L8069.htm#art266. Acesso em: 15 abr. 2019.

BRASIL. MEC/SEESP. Presidência da República. Decreto nº 6.571, de 17 de março de 2008. *Dispõe sobre o atendimento educacional especializado, regulamenta o parágrafo único do art.60 da Lei n. 9.394, de 20 de dezembro de 1996, e acrescenta dispositivo ao Decreto n. 6.253, de 13 de novembro de 2007.* Diário Oficial da União, Brasília, nº 188, 18 de setembro de 2008.

CAVALCANTE, Meire. *O impasse da inclusão.* Disponível em: https://inclusaoja.com.br/tag/decreto-65710. Acesso em: 16 abr. 2019.

CERRO LARGO. Lei Municipal Nº 2.670, de 4 de abril de 2017. *Altera dispositivos da lei municipal nº. 2098/2008, que estabelece o plano de carreira do magistério, institui o respectivo quadro de cargos e funções e dá outras providências, alterada pela lei nº 2528/2015, e dá outras providências.* Cerro Largo/RS, 2017. Disponível em: https://www.cerrolargo.rs.gov.br/Arquivos/740/Leis/36891/lei_2670_-_plano_carreira_magistrio_266S.pdf. Acesso em: 18 abr. 2019.

COSTA, Klecyus Weyne de Oliveira. *A Lei Brasileira de Inclusão da Pessoa Com Deficiência e o Regime das Incapacidades no Código Civil.* Cadernos do Ministério Público do Estado do Ceará, 2006.

MITTLER, Peter. *Educação inclusiva:* contextos sociais. Trad. Windyz B. Ferreira. Porto Alegre: Artmed, 2003.

PREFEITURA Municipal de Guamaré/RN. Secretaria Municipal de Educação. *Edital do Processo Seletivo Simplificado Nº 001/2019.* Disponível em: http://funcern.br/wp-content/uploads/2019/01/edi_PSSG.pdf. Acesso em: 18 abr. 2019.

RODRIGUES, Leandro. *Atendimento Educacional Especializado:* a verdade do AEE na escola. Disponível em: https://institutoitard.com.br/atendimento-educacional-especializado-a-verdade-do-aee-na-escola/ . Acesso em: 18 abr. 2019.

SADIM, Geyse Pattrizzia Teixeira; MATOS, Maria Almerinda de Souza. *Política educacional inclusiva:* o atendimento da criança autista em salas de recursos multifuncionais na rede municipal de Manaus. VIII Encontro Da Associação Brasileira de Pesquisadores em Educação Especial, Londrina de 05 a 07 de novembro de 2013 – ISSN 2175-960X.

SIMÕES, Gabriel Lima; SIMÕES, Janaina Machado. *Reflexões sobre o conceito de participação social no contexto brasileiro.* VII Jornada Internacional de Políticas Públicas, 2015.

CAPÍTULO VIII

DOCÊNCIA E VALORIZAÇÃO DA LITERATURA LOCAL: REVELANDO POSSIBILIDADES A PARTIR DE UMA OBRA LITERÁRIA POTIGUAR

Tania Serpa Santos

(Doutoranda em Ciências da Educação - FACSIDRO)

Irai Lopes Cabral

(Mestranda em Ciências da Educação - ISCECAP)

> *A instituição escolar, por meio do livro didático, ignora que o leitor, além do plano educacional, vive no plano real de uma existência particular e concreta, estando sujeito às intempéries da vida, que não constam nos modelos idealizados nos livros didáticos, mas sim no arsenal literário.*
>
> EUNICE PRUDENCIANO SOUZA
> KARINA TORRES MACHADO

principio, a literatura compartilha espaço no currículo escolar com a disciplina de Língua Portuguesa, porém, a literatura contemplada

para estudos, seja no Ensino Fundamental ou Médio, foca o rol de autores e obras canônicas, isto é, não oportuniza, suficientemente, ao professor trabalhar a literatura local em suas aulas de Língua Portuguesa, ficando a critério do mesmo pesquisar por fontes bibliográficas a parte. Assim, o presente estudo lança mão a propostas metodológicas transdisciplinares que contemplem e viabilizem a inserção da literatura potiguar em sala, não somente através da disciplina de Língua Portuguesa, mas do maior engajamento possível das disciplinas da grade curricular. O objeto de estudo da pesquisa foca à literatura local da microrregião de Macau/RN, tendo a intenção de explorar, transdisciplinarmente, o potencial performático da referida obra em sala de aula. Desta forma, a temática a ser pesquisada concentra esforços para resolver questões que dizem respeito sobre as formas de como abordar obras da literatura potiguar, em sala de aula, de maneira satisfatória.

Metodologicamente, a pesquisa baseia-se em pressupostos qualitativos, com base à revisão bibliográfica de uma obra literária local potiguar, pertencente à microrregião de Macau/RN, a qual abrange os municípios potiguares de Macau, Guamaré, Pendências, Alto do Rodrigues, Assú e suas comunidades circunvizinhas.

A seguir, iniciaremos as discussões teóricas do estudo, com vistas à explanação dos conceitos disciplinares para o ensino concomitante, isto é, literatura potiguar e sua aplicação com as demais disciplinas.

PERSPECTIVAS INTER, MULTI E PLURIDISCIPLINAR DE ENSINO

A interdisciplinaridade almeja superar o conceito de disciplinas "fragmentadas", conforme apresentado, anteriormente, através dos componentes curriculares da educação básica. Porém, tal corrente disciplinar apresenta determinado nível de hierarquização de determinada disciplina sobre as ações das demais, conforme expressa na tabela a seguir, proposta por Carlos (1995).

Figura 1 - Interdisciplinaridade

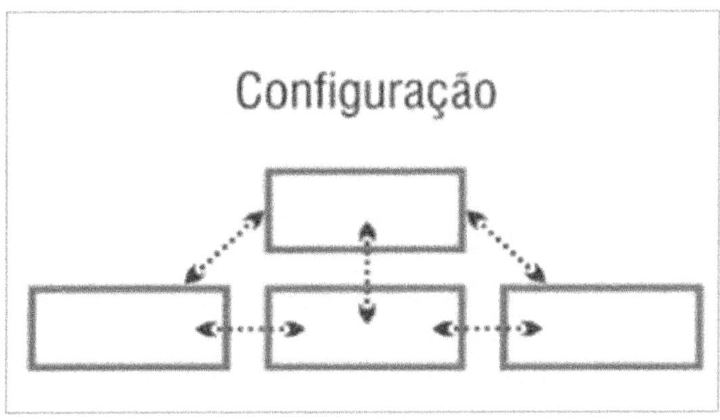

Fonte: CARLOS (1995).

Nesta perspectiva o ensino é concebido de forma articulada entre o rol das disciplinas, porém, com vistas à dissolução de problemáticas próprias de cada uma delas. Nesta perspectiva, o ensino da Literatura se encontra limitado a poucas disciplinas, e ainda sob as vistas do que uma delas rege sobre determinado assunto. Assim, para Carlos (2015):

> A multidisciplinaridade ocorre quando a solução de um problema torna necessário obter informação de duas ou mais ciências ou setores do conhecimento sem que as disciplinas envolvidas no processo sejam elas mesmas modificadas ou enriquecidas, onde a multidisciplinaridade foi considerada importante para acabar com um ensino extremamente especializado, concentrado em uma única disciplina (CARLOS, 1995, p. 32).

Conforme expresso pelo autor, pode-se inferir que esta corrente corresponde à primeira fase de associação entre os conhecimentos disciplinares, ao que se refere à prática didático-pedagógica em sala de aula, possuindo grande expressividade pedagógica, porém, não excluindo, sutilmente, as possibilidades de avanços cooperativos entre as disciplinas.

Figura 2 - Multidisciplinaridade

Fonte: CARLOS (1995).

A corrente pluridisciplinar se apresenta como um estágio um pouco mais avançado que o da multidisciplinaridade, onde há certo envolvimento, ao que se refere a um determinado foco temático de uma disciplina e este trabalhado entre as demais. Mesmo regida sob alguma cooperação, a pluridisciplinaridade não indica nenhuma coordenação mútua entre as disciplinas, apenas trabalham o mesmo ponto do conhecimento de uma delas de forma independente:

Figura 3 - Pluridisciplinaridade

Configuração

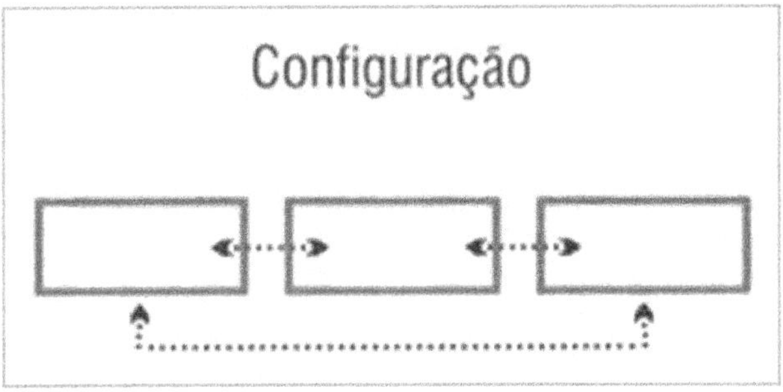

Fonte: CARLOS (1995).

Partindo da perspectiva pluridisciplinar, percebe-se o estabelecimento de mais de uma visão sobre o mesmo objeto de especificidade disciplinar, isto é, a visão de dada área de estudo pode/deve ser exposta conforme a mesma se configura em cada disciplina, por exemplo, a linguagem é concebida pela Língua Portuguesa enquanto fenômeno social, enquanto para a Biologia, esta surge mediante estruturas fisiológicas a partir de estímulos provenientes de fatores ambientais.

PERSPECTIVA TRANSDISCIPLINAR COM VISTAS À LITERATURA POTIGUAR

Neste momento, entramos em contato com a perspectiva contemplada para ser aplicada à pesquisa com vistas à inserção da literatura local em sala de aula. Comparada às propostas disciplinares, anteriormente citadas, a transdisciplinaridade é a mais recente no campo da educação. Esta perspectiva disciplinar se apresenta como uma etapa mais elevada da corrente interdisciplinar (Figura 1).

Figura 4 - Transdisciplinaridade

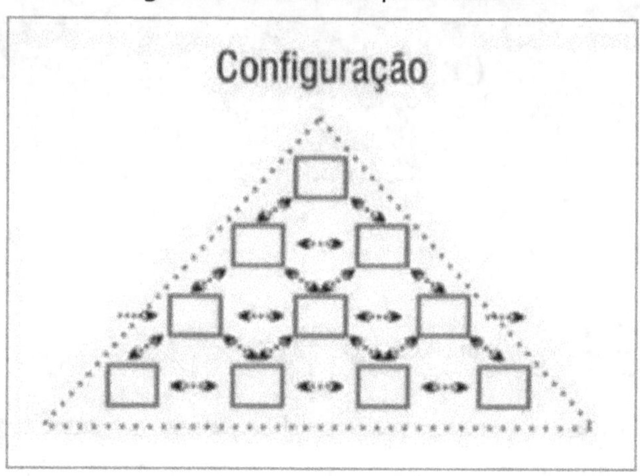

Fonte: CARLOS (1995).

A figura 4 representa a transdisciplinaridade como uma forma de interação na qual ocorre determinada integração de todos os sistemas interdisciplinares em um contexto mais abrangente e complexo, produzindo uma interpretação mais holística dos fatos e fenômenos. Em 1994, em Arrábida, Portugal, que foi realizado o I Congresso Mundial de Transdisciplinaridade. No evento foi apresentada a Carta da Transdisciplinaridade, onde é possível encontrarmos uma definição acerca do conceito transdisciplinar:

> Artigo 3: "(...) A Transdisciplinaridade não procura a dominação de várias disciplinas, mas a abertura de todas as disciplinas ao que as atravessa e as ultrapassa." Artigo 7: A Transdisciplinaridade não constitui nem uma nova religião, nem uma nova filosofia, nem uma nova metafísica, nem uma ciência das ciências." No âmbito acadêmico, já no século XX, com o intuito de unir o mundo "não universitário" ao universitário, cuja separação se dá primordialmente pela hiperespecialização profissional, com grande número de disciplinas que não acompanham todo o desenvolvimento, principalmente na área tecnológica, temos um aprofundamento na utilização deste conceito, visando formar profissionais cada vez mais completos, compatíveis com as exigências do mercado de trabalho que este futuro profissional encontrará.

Diante deste excerto da Carta de Transdisciplinaridade, percebe-se, claramente, sua relevância no que tange a um ensino igualitário e de qualidade. Em conformidade à Carta de Transdisciplinaridade, Teixeira (2015) contempla:

> Assim tão complexo quanto os problemas que tenta solucionar, tem-se a transdisciplinaridade, que por ser tão sutil, ser a linha tênue que une e serve de limite entre o comprometimento e o individualismo de cada disciplina, que não possui uma definição exata, e ao mesmo tempo é um dos mais necessários conceitos quando tratamos de formação e educação (TEIXEIRA, 2015, p. 12).

Assim, toda disciplina necessita, por concepção empática, oportunizar a inserção de temas transversais, conforme conferem os PCN's, através de temas como a Pluralidade Cultural (Pluralidade Cultural e a Vida das Crianças no Brasil, constituição da pluralidade cultural no Brasil, o Ser Humano como agente social e produtor de cultura, Pluralidade Cultural e Cidadania), nos quais se insere o ensino da literatura local, através da pluralidade cultural, especificamente, ao que confere o ensino da Literatura potiguar.

CONTEXTUALIZANDO LITERATURA E TRANSDISCIPLINARIDADE ATRAVÉS DA OBRA "UM RIO GRANDE E MACAU"

A obra literária potiguar "Um Rio Grande e Macau", de Getúlio Moura, é uma obra coletiva que registra as expressões culturais, religiosas, literárias, históricas e políticas de cidades da mesorregião Central Potiguar do estado do Rio Grande do Norte. O autor reuniu inúmeros registros em sua produção, a qual é fonte de inúmeras possibilidades de estudos e aplicação destes, em sala de aula, com vistas à trasdisciplinaridade. Para tanto, discorremos um pouco sobre a biografia do autor e sobre sua obra em questão. Assim, Medeiros (2011 *apud* MOURA, 2003, p. 9) apresenta que:

> Getúlio Moura veio ao mundo em 22 de janeiro de 1962, na localidade de Tabatinga, à época pertencente ao território municipal de Pendências-RN. Atualmente, Tabatinga faz parte do município de Alto do Rodrigues. [...]. "UM RIO GRANDE E MACAU – CRONOLOGIA DA HISTÓRIA

> GERAL" é o ensaio escrito por Getúlio Moura. O autor focaliza nas quinhentas páginas do livro, os mais variados aspectos daquele município e de toda a região de que faz parte: I – Viagens, Descobrimento e Colonização; II – Os Índios do Vale do Açu e o Litoral primitivo; III – Origem e Desenvolvimento de Macau; IV – Comércio, Indústria, Sociedade e Meio Ambiente; V – Educação e Cultura; VI – Comunidades de Macau; VII – Municípios Vizinhos, Antigos Territórios de Macau; Por sua vez, cada uma dessas 7 partes originam dezenas de subtítulos, que versam sobre os mais variados temas regionais. Considero o ensaio de Getúlio Moura, um marco na bibliografia norte-rio-grandense. Trata-se da melhor obra já escrita sobre aquela importante região salineira e petrolífera. [...] (MOURA, 2003 apud MEDEIROS, 2011, p. 9).

Evidencia-se o potencial histórico e indentitário da obra de Getúlio Moura, através dos mais diversos tipos de registros sobre costumes e histórias da cultura macauense. Além de contemplar o aspecto literário local, a obra fornece subsídios que vão além, podendo ser explorados por diversos componentes curriculares, conforme rege a proposta transdisciplinar, capazes de contemplar tanto a Língua Portuguesa quanto a Arte, a Matemática, a História, a Geografia, o Ensino Religioso, a Sociologia, a Biologia, a Economia, temas transversais como a Música, a Cultura, o Meio Ambiente, o Cinema, o Teatro, o Esporte, o Folclore, a Política, dentre outros.

Para tanto, Rolando (2015) expõe:

> Vale ressaltar também que a transdisciplinaridade tem sido apontada, por diversos estudiosos da educação, como uma forma eficiente de organizar o currículo educacional dos novos tempos. No dizer de Coelho (2000, p.25), "a Literatura vem sendo apontada como uma das disciplinas mais adequadas para servir de eixo para a interligação de diferentes unidades de ensino nos novos PCN" (ROLANDO, 2015, p.124).

Assim, conforme as palavras do autor, a transdisciplinaridade é a corrente disciplinar que mais se adequa às perspectivas futuras da educação. Segundo Sommerman *et. al.* (2002) a transdisciplinaridade se configura, intrinsecamente, como:

> [...] uma teoria do conhecimento, é uma compreensão de processos, é um diálogo entre as diferentes áreas do saber e uma aventura do espírito. [...] é uma nova atitude, é a assimilação de uma cultura, é uma arte, no sentido da capacidade de articular a multirreferencialidade e a multidimensionalidade do ser humano e do mundo. [...] Implica, também, em aprendermos a decodificar as informações provenientes dos diferentes níveis que compõem o ser humano e como eles repercutem uns nos outros. A transdisciplinaridade transforma nosso olhar sobre o individual, o cultural e o social, remetendo para a reflexão respeitosa e aberta sobre as culturas do presente e do passado, do Ocidente e do Oriente, buscando contribuir para a sustentabilidade do ser humano e da sociedade. [...] (SOMMERMAN, et. al. 2002, p. 09).

Para que seja possível fundamentarmos e enriquecermos esta pesquisa, esboçaremos a trajetória metodológica no processo de estudo do objeto de estudo – a relação transdisciplinar entre literatura e as disciplinas básicas do currículo escolar por intermédio de uma obra literária local potiguar –, construindo nosso corpus. Especificamente, torna-se mais evidente que, muitas das vezes, aulas de literatura apresentam-se desinteressantes, devido a sua natureza histórica e funcional, impregnada de desdém, por grande parte do público discente.

Assim, nota-se a necessidade de enriquecer o ensino da literatura através de novas perspectivas e abordagens didático-metodológicas, como se sugere, neste estudo, o uso da transdisciplinaridade.

POTENCIAL METODOLÓGICO DA OBRA

As disciplinas contempladas na obra podem ser identificadas por Língua Portuguesa, Matemática, Geografia, História, Biologia/Ciências, Economia e Artes. Conforme é possível observar na página 333, a disciplina de Língua Portuguesa é contemplada na obra a partir de inúmeras abordagens literárias, como, por exemplo, a Literatura de Cordel da região em análise. Esta disponibilidade de gêneros textuais é fonte de riquíssimas possibilidades para se trabalhar a produção textual dos alunos, a partir de um elemento convidativo como o cordel de sua região.

Em seguida, na página 175, nos deparamos com a temática 'Comércio e Indústria', a qual oferece a possibilidade de trabalho com as disciplinas de Matemática e Economia, independentemente da modalidade de ensino que esta possa ser desenvolvida.

Além de informações históricas sobre a economia local, a disciplina de Matemática pode fazer uso de outros inúmeros elementos algébricos como a distância em quilômetros entre as cidades, suas escalas, rotas, percursos e períodos de tempo. A disciplina de Economia do Rio Grande do Norte é contemplada pelo aspecto histórico da formação das primeiras indústrias salineiras da região e de sua atual conjetura no cenário comercial regional e nacional. A obra em análise apresenta grandes possibilidades de propostas metodológicas, conforme poderão ser apreciadas na seção Resultados da pesquisa.

Possuindo forte presença em suas passagens, a obra apresenta os aspectos artísticos da região em análise ao contemplar as manifestações artísticas como a música, o teatro e o cinema. Conforme podemos observar na página 368, a apresentação desses aspectos se apresenta, cronologicamente, registrados a partir de fotografias antigas e recentes, referenciadas por meio de textos e cartas que manifestam o desejo pela instauração das artes na região, através da criação de dependências físicas e não-físicas, como as danças de rua e blocos carnavalescos.

Estas passagens auxiliam a disciplina de Artes, pois reforçam a ideia de manutenção e tradição das manifestações artísticas em nosso cotidiano. O aluno tem a sua disposição cartas e excertos sobre a formação de sua cidade que não estão em domínio público, produzindo a sensação de descoberta e inspiração.

As disciplinas de Biologia e Ciências podem fazer uso do gênero literário em questão, pois a obra disponibiliza encartes os quais exaltam a natureza da região em análise, através de sua flora e fauna, modificação pela ação humana, ambientes protegidos, praias, manguezais, animais em extinção, pesca, caça-predatória, dentre outros aspectos que contemplam às ciências naturais, dedicando esta exposição na página 93.

Uma obra literária que contempla a natureza da região a qual foi produzida estará oferecendo a oportunidade para que o aluno possa reconhecer a importância deste ambiente, haja vista que, não há outro elemento mais inspirador para a literatura do que o amor à natureza. Dentre outros aspectos, a disciplina de Biologia pode fazer uso das contribuições históricas presentes na obra, como as teorias evolucionistas.

Outra disciplina abraçada pela obra é a de Geografia. Esta, por sua vez, possui inúmeras possibilidades de se inserir a obra em suas aulas, pois a referida obra apresenta múltiplas abordagens e aspectos relativos a mapas, escalas geográficas, a geologia da região, dentre outros elementos da cartografia, conforme podem ser observadas na página 171.

A natureza é expressa na obra como fonte importante tanto para a produção de bens comerciais quanto sua manutenção e preservação. É possível identificarmos a forte presença de artistas literários e plásticos que a referenciam de forma harmoniosa e respeitosa, muitas das vezes, até decepcionados com sua exploração desenfreada. Até aqui, é possível percebermos que a obra em questão buscou reunir o máximo de elementos do cotidiano da população que nela foi representada. Como um dos aspectos mais marcantes da obra, a disciplina de História recebe grande enfoque temático devido à pluralidade de temas que a compõem e diz respeito à formação social, política, econômica e educacional das cidades que compõe a microrregião de Macau.

Conforme se pode observar na página 148, o registro fotográfico disponibiliza ao leitor uma visão de um passado para que se possa compreender o presente, de onde, como surgiram as primeiras instituições da cidade e suas mais diversas funções ao longo dos anos.

A importância de se estudar a história de determinada região, assim como toda ela, é que esta disciplina oportuniza ao leitor a oportunidade dele compreender as relações sociais e culturais ao seu redor e perceber que ele é capaz de moldar essas relações, sendo agente ativo de uma mudança que será gravada na vida de outrem, isto é, suas ações serão sua marca no tempo.

LITERATURA DE CORDEL

Uma possibilidade de abordagem do cordel em sala de aula seria a proposta de elaboração de varal de cordéis com as produções dos próprios alunos, os quais devem abordar temas de seu dia a dia que representem suas relações com o meio onde vivem, podendo ser inspirados pelos autores da obra em questão. O professor pode combinar com os alunos que, inicialmente, produzam capas para os cordéis com desenhos e outras expressões para que, posteriormente, possam dar início a produção textual em si.

Direcionamento: Ensino Fundamental.

Duração: 2 encontros.

COMÉRCIO E INDÚSTRIA

As disciplinas de Matemática e Economia do Rio Grande do Norte podem fazer uso destes assuntos propondo a criação de relatórios apresentando as principais atividades econômicas da microrregião de Macau, assim como sua expressividade financeira, entre determinados períodos de tempo, conforme registrado dentro do período da obra.

Direcionamento: Ensino Médio.

Duração: 2 encontros.

CINEMA E TEATRO

A disciplina de Artes possui grandes possibilidades para se trabalhar a obra em questão em suas aulas. Uma delas contempla as expressões artísticas em teatros municipais. O professor pode sugerir o registro das atividades desenvolvidas nos teatros da região, assim como uma programação semanal. Esta atividade pode oportunizar ao professor a realizar uma visita ao ambiente em análise, assim, como, também, apreciar suas exposições.

Direcionamento: Ensino Fundamental e Médio.

Duração: Dependendo da atividade escolhida, pode variar entre 2 encontros como uma visita em determinado horário de turno.

MANGUEZAIS

O professor pode fazer uso das informações presentes na obra para explorar ambientes naturais que não possam ser visitados em curto prazo como, também, áreas protegidas. Nesta ocasião, os alunos poderão retirar da obra os principais locais de ocorrência da flora manguezal e dos animais que habitam nela. O professor pode propor atividades coletivas que oportunize a criação de cartazes, contendo tipos de espécies vegetais que coexistem com os manguezais, além de sua importância para a manutenção da vida marinha e humana.

Direcionamento: Ensino Fundamental.

Duração: 4 encontros.

CARTOGRAFIA

A disciplina de Geografia é agraciada pela obra com inúmeras representações cartográficas que compreendem diferentes escalas e espaços geográficos da microrregião de Macau. O professor pode sugerir a produção de maquetes que representem a cidade ou município/comunidade onde os alunos residem e ao término deste propor a união destas para que se possa ter uma visão panorâmica da região em atividade.

Direcionamento: Ensino Fundamental e Médio.

Duração: 6 encontros.

LINHA DO TEMPO

A disciplina de História é contemplada na obra a partir de diversos recortes históricos que trazem à tona um registro social pouco disponibilizado e explorado. Sendo estes fotografias de antigas instituições públicas e privadas, ambientes naturais devastados pela indústria e pelo urbanismo, dentre outras causas em registro. Uma proposta viável para se trabalhar a obra em aulas de História seria uma pesquisa de campo, na qual os alunos registrariam, através de fotografias, imagens das atuais edificações municipais como ruas, prédios, comércios, dentre outros e estabeleceriam uma comparação entre passado e presente.

Direcionamento: Ensino Fundamental e Médio.

Duração: 6 a 8 encontros.

CONSIDERAÇÕES

A partir da análise da obra "Um Rio Grande e Macau", foi possível inferir que a inserção da literatura potiguar em sala de aula pode ser realizada através de uma abordagem mais ampla e significativa para a vida acadêmica e social do aluno, como prevê a teoria da transdisciplinaridade. Esta corrente disciplinar é capaz de unir diferentes disciplinas em prol do estabelecimento de metodologias que contemplem determinada área do saber, assim, como apresentado através da literatura potiguar e suas mais expressivas manifestações.

A transdisciplinaridade é uma abordagem científica que busca unificar diferentes partes do todo através de um ponto em comum. Assim, a partir da análise e da apresentação de propostas metodológicas viáveis à inserção da literatura potiguar em sala de aula, pode ser comprovada através dos pressupostos transdisciplinares em questão. As atividades apresentadas são apenas uma parte da gama de possibilidades que os professores de diferentes disciplinas poder fazer uso em suas aulas, tornando-as mais significativas e atrativas.

REFERÊNCIAS

BRASIL. Secretaria de Educação Fundamental. B823p *Parâmetros curriculares nacionais:* língua portuguesa / Secretaria de Educação Fundamental. – Brasília: 144p.

CÂNDIDO, A. *Formação da literatura brasileira*: momentos decisivos 1750-1880. 11. ed. Rio de Janeiro: Ouro sobre Azul, 2007.

CARLOS, J. G. *Interdisciplinaridade no Ensino Médio*: desafios e potencialidade. Petrópolis: Vozes, 1995.

COELHO, N. N. *Literatura:* arte, conhecimento e vida. São Paulo: Peirópolis, 2000.

KÖCHE, V. S.; MARINELLO, A. F.; BOFF, O. M. B. *Os gêneros textuais e a tipologia injuntiva.* Caderno Seminal Digital, Ano 15, Nº 11, V 11, (Jan/Jun 2009) – ISSN 1806-9142.

MEDEIROS, O. (2003). *Um Rio Grande e Macau: Cronologia da História Geral.* Prefácio. (p. 508). Natal: Imperial Casa Editora da Casqueira, 2003. Disponível em: http://www.obaudemacau.com/?page_id=4931. Acesso em: 17 ago. 2018.

NICOLESCU, B. *O Manifesto da Transdisciplinaridade.* São Paulo: Triom, 1999.

ROLANDO, Rodolfo Meissner. Literatura e Transdisciplinaridade: uma proposta de ensino a partir do romance Terra Papagalli. *ECCOM*, v. 6, n. 11, jan./jun. 2015.

SOMMERMAN, Américo; MELLO, Maria F. de; BARROS, Vitória M. de (orgs.). *Educação e transdisciplinaridade II.* Coordenação Executiva do CETRANS. São Paulo: TRIOM, 2002.

SOUZA, Eunice Prudenciano; MACHADO, Karina Torres. *O papel da literatura em sala de aula (2014).* Disponível: http://www.ileel.ufu.br/anaisdosielp/wp-content/uploads/2014/11/953.pdf. Acesso em: 15 jan. 2019.

TEIXEIRA, H. *O que é Transdisciplinaridade?* Disponível em: http://www.helioteixeira.org/ciencias-da-aprendizagem/o-que-e-transdisciplinaridade/. Acesso em: 17 ago. 2018.

CAPÍTULO IX

A AÇÃO DOCENTE FRENTE À NECESSIDADE DE ENGAJAMENTO ENTRE ESCOLA E FAMÍLIA

Jacqueline Fonseca de Queiroz
(Doutoranda em Ciências da educação - FACSIDRO)

Francilene Matias Souza de Medeiros
(Doutoranda em Ciências da educação - FACSIDRO)

A participação dos pais na vida da criança é essencial, e quando se estende até a escola, torna-se o processo de aprendizagem uma extensão daquilo que se iniciou em seu convívio familiar. Com essa participação dos pais no processo de ensino aprendizagem, a criança fica mais confiante, uma vez que percebe que todos se interessam por ela, e também porque passam a conhecer quais são as dificuldades e quais os conhecimentos que ela tem.

ELAISE MARA FERREIRA CREPALDI

A sociedade brasileira atual passa por inúmeras transformações de diversas naturezas. Uma delas diz respeito à integralidade da formação familiar. As novas formações de núcleos familiares ainda é uma temática controversa, meio às discussões sociais, haja vista determinadas imposições e resistência conceitual que põem em foco a manutenção de aspectos relativos a respeito, afetividade e educação sob a perspectiva da formação familiar tradicional, porém, este estudo parte da importância da participação familiar, seja ela qual for, no meio educacional do educando. Todavia, torna-se evidente que tal assunto necessita ser discutido amplamente em prol da assimilação e aceitação global de sua totalidade. No entanto, para além dessa relevante discussão, o que não pode esperar são as demandas de participação da família no seio escolar do estudante, promovendo um maior engajamento entre as relações educacionais e o pleno desenvolvimento do mesmo.

Assim, o estudo proposto corrobora com as discussões acerca da importância de uma maior efetividade e participação familiar nos processos formativos do educando da educação básica. O estudo possibilitou o acesso a inúmeras pesquisas que exploram a temática, evidenciando o quão relevante é o engajamento entre a escola e a família, ao que se refere à integralidade da formação do educando.

Nota-se que, na atualidade, as transformações sociais e, consecutivamente, familiares, estão cada vez mais complexas e emergentes, onde se faz necessárias orientações que busquem estreitar a relação família/escola com maior significância. Notoriamente, o estudo não almeja esgotar a investigação acerca da temática em foco, mas, sim, ressaltar a importância dessa relação, seus reflexos positivos, quando praticada e, negativos, quando insuficientes ou inexistentes.

Para além de um estudo que evidencie as atuais características das instâncias familiares, pretende-se demonstrar os impactos acerca da baixa frequência ou a falta de acompanhamento escolar por parte dos responsáveis do educando. Torna-se cada vez fundamental cobrar uma maior participação nas atividades de casa, nas visitas escolares programadas ou não, participação em eventos escolares onde o educando esteja envolvido, dentre outras manifestações educacionais da comunidade escolar.

Todavia, destacam-se as particularidades de responsáveis familiais que trabalham longos períodos do dia, residem muito distante da escola, dentre outros fatores que acabam dificultando uma relação mais próxima com a escola. Porém, esses casos são exceção, mas, em muitos casos acabam se tornando via de regra, expressa através do baixo número de representantes e de participações em encontros escolares de pais e mestres, reuniões bimestrais, projetos, dentre outros.

Ao estabelecer uma relação colaborativa com a escola, a família exerce muito mais do que uma mera presença no ambiente escolar em busca de informações, além disso, o vínculo escola/família/educando torna-se mais forte, onde as relações propostas nos processos de ensino-aprendizagem tornam-se compartilhadas e contínuas, onde todos os envolvidos encontram-se envolvidos e atualizados. Ao estabelecer a escola como uma das prioridades da vida familiar, a família garantirá maiores possibilidades de êxito pedagógico, haja vista que a aproximação auxiliará nos processos formativos, bem como transmitirá ao educando a sensação de apoio, garantindo-lhe a acolhida e o incentivo social, acadêmico e pessoal.

Essa parceria mútua e recíproca deve ser respeitada e mantida ao máximo, pois, partindo do aspecto conceitual, a escola torna-se referência por conter profissionais da área formativa capacitados para atuarem e lidarem com o público discente, salvo em situações que fogem de sua abrangência, como violência, abusos e evasão. Diante a isto, o papel da escola apenas se efetivará com a máxima participação dos indivíduos que compõem uma comunidade escolar, o exercício escolar deve superar o conceito de obrigatoriedade e, a partir dele, a escola deve oferecer garantias e possibilidades de desenvolvimento cognitivo e que não seja traduzido como espaço de confinamento.

Assim, o estudo abre espaço para discussões que propiciem reflexões críticas quanto o papel e a necessidade da presença da família na escola, bem como os reflexos positivos dessa prática para a vida acadêmica e pessoal do educando da Educação Básica.

ASPECTOS CONCEITUAIS E CONTEXTUAIS

Acompanhar a vida acadêmica de um estudante faz parte e deve ser um dos critérios fundamentais no cotidiano de uma família estruturada em pais e filhos ou outras formações, mas, além de uma obrigação legal, o educando possui carências de atenção e cuidados, onde pais e/ou responsáveis têm o dever de acompanhar seu processo formativo, o que garantirá ao mesmo maior segurança nas futuras decisões acerca do discernimento entre os elementos básicos da vida em sociedade: respeito, honestidade, fraternidade e cidadania.

Em Sousa *et al.* (2012) temos:

> No decorrer do tempo as famílias têm enfrentado muitas mudanças e problemas, que tem ocorrido em nossa sociedade e que vem atingir a organização familiar, como a inserção da mulher no mercado de trabalho, desde a década de 1970, ausência de apoio e companheirismo dos pais, falta de disciplina e muitas outras situações, que vem repercutir no núcleo da família. Para poder acompanhar essas mudanças e encarar os problemas precisa-se empenhar esforço e organização, procurando passar a educação moral e ética para seus filhos, mas, infelizmente muitas famílias tem sentido dificuldades em conseguir êxito (SOUSA et al. 2012, p. 2).

Além do mais, em muitos casos, a formação de núcleos familiares se dá sem o devido planejamento, onde muitas crianças acabam vindo ao mundo sem a consideração necessária, isto é, o amor familiar, sendo criada por outros parentes, os quais, por mais afetivos e atenciosos que possam ser, não conseguirão substituir nem a presença e, tampouco, o papel dos pais.

A criação familiar é uma função essencial para o desenvolvimento dos indivíduos, alterações bruscas nesse processo, como a perda abrupta de uma mãe, ou simplesmente sua rejeição/afastamento, causarão profundas marcas na personalidade de tal indivíduo, as quais serão refletidas em um comportamento social reprimido, violento e insensível.

Temos em Crepaldi (2017) a visão da importância da família para uma formação integra do ser humano:

> A família representa um dos primeiros ambientes no qual o indivíduo inicia sua vida em sociedade. Em parceria com outras instituições e, dentre elas, inclui-se a escola, a família tem condições de garantir ao (a) seu (sua) filho (a) melhores condições de desenvolvimento em todas as áreas de sua vida. Em meio à família, as crianças, adolescentes e jovens recebem instruções básicas de relacionamentos psicossociais, inspiram-se em exemplos e influências socioculturais. Desta forma, à família cabe a transmissão de normas, ética, valores, ideais, e crenças que marcam a sociedade (CREPALDI, 2017, p. 2).

Como visto, a família e a escola servem de inspiração e exemplo onde o indivíduo possa se espelhar e propagar as ações que nela exerce e aprende. Tanto responsáveis quanto educadores exercem significativa influência sob a visão de mundo do educando, cabe a família garantir que tal processo ocorra e que os conhecimentos assimilados pelos educando possam ser monitorados e sempre acionados quanto necessitados, pois, diversidade e respeito deverão andar juntos ao processo de orientação familiar e escolar, o que promoverá o desenvolvimento de um cidadão crítico, proativo e consciente de seus atos, visando o bem estar pessoal sem que isso afete o da coletividade.

Atualmente, a diversidade oportunizou a formação de núcleos familiares diversos daqueles tidos como essencialmente formadores: pai, mãe e filho (s). Não se trata aqui do discernimento conceitual entre tais formações, mas do impacto social destas sobre a forma de lidar em coletividade escolar, caso o trabalho de conscientização, em prol da tolerância e respeito não seja efetivamente trabalhado, isso irá gerar casos de discriminação que ultrapassarão a controle da escola.

Conforme expresso em Zane (2013):

> O conceito de família foi sendo modificado e acompanha as mudanças estruturais que ocorrem na sociedade, não existe um padrão para a constituição de uma família, embora pode se perceber que na sociedade contemporânea ainda é muito forte o modelo de família nuclear composta por pai, mães e filhos. No entanto, a composição familiar deve respeitar sobre tudo, o vínculo afetivo, bem como contribuir para a formação de valores éticos e morais de seus filhos (ZANE, 2013, p. 13).

A partir do excerto, torna-se claro que um dos absolutos objetivos dos núcleos familiares é promover o vínculo afetivo com as crianças e com a escola, haja vista que tal ambiente se apresenta como extensão da vida familiar e social, a escola, então, é o espaço formal para o exercício das práticas social, isto é, um ensaio para a vida autônoma e plena.

Brendler (2013) evidencia a intrínseca relação entre família e escola:

> Toda e qualquer instituição de ensino tem por objetivo a aprendizagem do aluno, pois é nele que as práticas escolares se realizam de forma positiva ou negativa. Assim sendo, a família também

> desenvolve um importante papel, podendo ou não contribuir para a aprendizagem de seus filhos. Tanto o contexto familiar como o escolar tem o papel de desenvolver a sociabilidade, a afetividade e o bem estar físico dos indivíduos. Por isso é interessante realizar um estudo de como se dá ou não a articulação entre família/escola, já que para a formação integral do sujeito, para que este possa ter uma educação de qualidade a família também deve contribuir (BRENDLER, 2013, p. 17).

Conforme exposto, o êxito acadêmico do educando dependerá das ações propostas e desenvolvidas tanto pela escola quanto pela família, onde a carência ou falta desse apoio, seja por uma ou ambas as partes, irá gerar consequências negativas, ao que se refere à integralidade da concepção crítica do educando e que, possivelmente, será refletido em condutas inadequadas e indesejáveis para uma vida em sociedade.

Diante a isto, Libâneo (2000) conceitua educação como:

> Conjunto de ações, processos, influências, estruturas que intervêm no desenvolvimento humano de indivíduos e grupo na relação ativa com o ambiente natural e social, e social, num determinado contexto de relações entre grupos e classes sociais (LIBÂNEO, 2000, p. 22).

Temos uma visão bastante abrangente e direcionada de que a educação é um processo formador e que impulsiona comportamentos para uma vida em sociedade, comportamentos esses que poderão ser saudáveis ou prejudiciais, tanto para aqueles que os exercem quanto para os que se tornam receptivos.

Para a formação integral de um indivíduo para agir em sociedade, orientações familiares são fundamentais, haja vista que os educandos se espelham em exemplos, conforme exposto anteriormente. Assim, a performance educacional do educando terá significativo reflexo do que fora aprendido no núcleo familiar, com amigos e demais indivíduos.

Para Tiba (2007):

> Os pais precisam estar atentos à questão da convivência familiar. Devem observar que os filhos não exigem ação dos pais o tempo todo. Mas exigem, a cada tempo, um pouco. Por isso, vale apena atender no momento em que o filho solicita (TIBA, 2006, p. 15).

Apesar de prevista em lei, as ações da família na escola ainda têm sido insuficientes em relação ao que se espera de apoio em prol da efetiva concretização dos objetivos do sistema educacional nacional, fatores esses enraizados e que apresentam relutantes quanto ao cumprimento desse compromisso.

Segundo o Estatuto da Criança e do Adolescente (ECA/2017):

> Art. 19. É direito da criança e do adolescente ser criado e educado no seio de sua família e, excepcionalmente, em família substituta, assegurada a convivência familiar e comunitária, em ambiente que garanta seu desenvolvimento integral (BRASIL, 2017, p. 17).

Ao eximir-se das ações escolares, a família abdica da oportunidade de transmitir confiança ao educando, ele sentirá desnecessário empenhar-se em suas atividades, haja vista o desinteresse de seus responsáveis em acompanhar sua conduta, desempenho e déficits. Deste modo família e escola devem caminhar em consonância, buscando efetivar o aprendizado básico e os princípios básicos de formação escolar, agindo ambas as partes em prol da garantia de direitos e no cumprimento de deveres, pois, segundo Reis (2007, p.6) "A escola nunca educará sozinha, de modo que a responsabilidade educacional da família jamais cessará. Uma vez escolhida a escola, a relação com ela apenas começa. É preciso o diálogo entre escola, pais e filhos.

Desta forma, uma relação ativa e participativa se faz necessária entre a família e a escola, tendo como interesse de ambas as partes o pleno desenvolvimento do educando. Conceitualmente, a escola possui normas e diretrizes próprias e necessita da participação da família para que tais determinações possam ser apresentadas, discutidas e efetivadas na jornada acadêmica do educando no meio educacional e familiar.

Para Freinet (1974):

> Não há livros, não há métodos artificiais que possam substituir a educação em família. A melhor história, o quadro mais emocionante visto num livro são para a criança como a visão de um sonho sem vínculos, sem seguimento, sem verdade interior. Pelo contrário, o que se passa em casa, sob os olhos da criança, liga-se naturalmente, no seu espírito, a mil outras imagens

> precedentes, pertencendo à mesma ordem de ideias e, portanto, têm para ela uma verdade interior (FREINET, 1974, p. 14).

A partir dessa visão, evidencia-se, claramente, que o educando tem na escola um momento passageiro, algo que moderadamente o atrai e anseia o retorno à casa, à família para que possa interagir como necessita, sentindo-se acolhido, à vontade para realizar suas atividades rotineiras. Assim, a família deve influenciar o educando a ser participativo nas relações escolares, isto é, a função da família é de estabelecer orientações e participar ativamente delas em meio escolar, sem deixar de promover a colaboração, a dedicação, a afetividade e a responsabilidade para que o processo de ensino-aprendizagem realmente efetive-se.

Em Vygotsky (1989 apud BASSO, 2013):

> [...] a criança nasce inserida num meio social, que é a família, e é nela que estabelece as primeiras relações com a linguagem na interação com os outros. Nas interações cotidianas, a mediação (necessária intervenção de outro entre duas coisas para que uma relação se estabeleça) com o adulto acontece espontaneamente no processo de utilização da linguagem, no contexto das situações imediatas (VYGOTSKY, 1989 apud BASSO, 2013, p. 3).

Conforme exposto, a criança expressará suas primeiras manifestações sociais através da fala, estimulada pelos membros do núcleo familiar, eis sua importância para o desenvolvimento das habilidades comunicativas do ser humano, fatores como esses são exemplos de como a família pode atuar desde cedo no desenvolvimento cognitivo do educando em ambientes escolares, trabalhando a comunicação, explorando a leitura e expressando fantasias, histórias e narrativas gerais.

Diante das emergentes relações sociais, evidencia-se a necessidade de escola e família engajarem-se mais efetivamente para que tais transformações possam ser contextualizadas e não tratadas a aleatoriamente, haja vista que o centro das atenções nessa conjetura educacional é o educando em processo de formação acadêmica e humana. A escola e a família devem promover, juntas, estímulos que visem ampliar as garantias de aprendizagem.

Dentre uma das múltiplas dificuldades que a escola apresenta em meio social, uma delas é a grande necessidade em fazer com que ocorra a aproximação da família dos processos educativos, fortalecendo uma participação efetiva e contínua, haja vista que a escola é o ambiente receptivo e que acolhe todas as características expressivas do educando, em outros termos, se a família não participa das ações escolares do educando esta se torna alheia a sua formação e, futuramente, as suas práticas sociais. Problemas inerentes ao ambiente escolar, por exemplo, Bullying, passarão despercebidos ou serão ignorados, mas os reflexos das consequências serão coagidos e em algum momento da vida do educando serão expressos e nocivos.

Assim, o estudo demonstrou a extrema necessidade da participação familiar nas relações escolares em prol do pleno desenvolvimento acadêmico do educando. Através de evidências científicas, tornou-se claro que a falta dessa relação tende a ocasionar uma formação deficiente, no que tange à assimilação de inúmeros aspectos da vida em sociedade.

Em suma, as implicações decorrentes da ausência da família nas relações escolares do educando, bem como sua presença no ambiente escolar, é fator determinante para que o vínculo educacional se fortaleça. Também se tornou expressivo que quanto maior a participação da família nas relações educacionais, encontros, atividades de casa, eventos, apresentações, palestras, reuniões, etc., mais preparados os responsáveis estarão para orientar os educandos, seja no convívio familiar ou na busca por orientações na própria escola.

CONSIDERAÇÕES

Tendo em vista a ascensão do setor educacional brasileiro, através da promoção de políticas públicas e investimentos no setor de ensino, ainda há muito a para se percorrer em busca de maior conscientização acerca da importância da inclusão e participação efetiva da família nas relações escolares do educando. De certa forma, o que deveria ser essencial acaba se apresentando resistente, por motivos diversos, desde situações de impedimento às de negligência, a carência educacional é um fato que parte mais da conscientização daqueles que precisam de orientação e dos que não buscam exercê-la do que do estabelecimento de leis, obviamente a legislação exerce grande função sobre essa obrigação, mas de nada surtirá se não através da consideração e mobilização em massa de uma comunidade escolar.

O estudo desenvolvido e aqui apresentado servirá como base às futuras propostas de estudos acerca da temática investigada. A problemática investigada revela que a necessidade de se estabelecer um vínculo mais efetivo entre família e escola não está, em sua essência, embasada no cumprimento das determinações legais, mas, também, na observação e acompanhamento das necessidades educacionais do educando, fazendo-se necessária uma busca acerca de seus défices, se são de natureza familiar, escolar ou de ambos.

A escola é o espaço onde o educando deve praticar as orientações familiares e será na família que este exercerá seu aprendizado escolar, demonstrando domínio de habilidades cognitivas aprendidas. Essa relação é a que infere ao êxito acadêmico, pedagógico e social.

REFERÊNCIAS

BRASIL. *Estatuto da criança e do adolescente.* Brasília: Senado Federal, Coordenação de Edições Técnicas, 2017. 115 p.

BRENDLER, Angela. *Família no contexto escolar*: sua participação no processo de aprendizagem. Universidade Federal de Santa Maria, 2013.

CREPALDI, Elaise Mara Ferreira. *A importância da família na escola para a construção do desenvolvimento do aluno.* XIII Congresso Nacional de Educação – EDUCERE. Curitiba-PR: Pontifícia Universidade Católica do Paraná, 2017.

FREINET, Célestin. *Conselhos aos pais.* São Paulo: Estampa, 1974.

LIBÂNEO, José Carlos. *Pedagogia e pedagogos, Para quê?*. 3. ed. São Paulo: Cortez, 2000.

SOUSA, Sara Costa; RAMOS, Juliana da Rocha; SILVA, Andréia de Sousa e. *Família e escola*: uma parceria indispensável para o desenvolvimento do educando e toda a sociedade. IV FIPED. Campina Grande: REALIZE Editora, 2012.

TIBA, Içami. *Disciplina:* Limites na medida certa. São Paulo: Integrare Editora, 2006. NOGUEIRA, M. A; ROMANELLI, G; ZAGO, N. Família e escola: Trajetória de escolarização em camadas médias e populares. Petrópolis, Rio de Janeiro, 2000.

VYGOTSKY, LEV S. *A formação social da mente:* o desenvolvimento dos processos psicológicos superiores. 3. ed. São Paulo: Martins Fontes, 1989.

ZANE, Andréia Dias de Souza. *A função da família na educação escolar.* Universidade Tecnológica Federal do Paraná – UTFPR – Campus Medianeira, 2013.

CAPÍTULO X

O EXERCÍCIO DA DOCÊNCIA SOB A PERSPECTIVA CULTURAL

Suely de Lemos Alves Oliveira
(Mestranda em Ciências da Educação - ISCECAP)

A educação e a cultura são processos complementares embora, muitas vezes, apresentem-se como contrários e até mesmo como contraditórios. Os usos culturais do balão, das queimadas, dos alimentos gordurosos, dos chistes preconceituosos, das disputas entre animais como jogo que envolve dinheiro são combatidos pela educação que, gradativamente, vai modificando os costumes.

CLEIA ZANATTA CLAVERY GUARNIDO DUARTE
VERA RUDGE WERNECK
JOSÉ AUGUSTO RENATO CARDOSO

Discutir a importância do ensino acerca da diversidade cultural brasileira significa afirmar que as manifestações de costumes sociais fazem parte integrante de todas as comunidades, devendo ser organizados e ordenados no currículo escolar, como forma de reconhecimento e de direito. Desta forma, o ensino da diversidade cultural deve estar atrelado ao destaque e a valorização das expressividades contidas em cada elemento de apreciação como as artes plásticas, danças, encenações, músicas, artesanato, dentre outros componentes, os quais constituem as tradições dos mais diversificados povos, buscando-se cultuar o respeito e a empatia de tais acepções de vida, isto é, diante do conhecimento a ignorância e intolerância cede espaço à experiência, apreciação, respeito e reciprocidade.

O ensino da cultura em sala de aula deve contemplar os padrões específicos de cada etnia, sendo distintos entre si. Exemplo disto, temos no Brasil a convivência entre as manifestações culturais africanas, europeias e indígenas – como as mais latentes – Apesar da existência da descriminação e da intolerância por parte de indivíduos que não aceitam a convivência mútua dessas demonstrações de expressão, a legislação brasileira estabelece medidas protetivas e de igual respeito entre todas, onde ações e atitudes pejorativas devem ser trabalhadas em prol da conscientização já em sala de aula.

O ensino das culturas, tanto das que são cultuadas nos contextos sociais dos alunos quanto daqueles de outros povos ou, até mesmo daquelas que não mais são manifestadas, devem fazer parte do planejamento escolar, pois esta temática deve ser vivenciada como elemento permanente, a cultura é viva e vida para quem as realiza.

A história tem papel fundamental na apresentação epistemológica das manifestações culturais, haja vista que as tradições são repassadas ao longo de longínquos espaços de tempo que a história foi capaz de registar.

Assim, cabe reforçar que o ensino da cultura parte não apenas do aspecto formativo escolar, mas, também da valorização dos interesses sociais de determinados grupos e comunidades do Brasil e do mundo.

ENSINO E PLURALIDADE CULTURAL

É notório constatar que a apresentação das aulas, hoje em dia, tornou-se mais conscientes quanto à abordagem ético-cultural, claro, nada mais evidente do que lecionar diante de um público composto pelos mais diversos biótipos, estilos, preferências, crenças, etc. Não é à toa que o Brasil é a nação mais miscigenada do mundo, onde a educação não deve, jamais, prestar-se a oferta de uma educação unilateral e excludente.

Propostos, outrora, pelos Parâmetros Curriculares Nacionais, o eixo Pluralidade Cultural na educação brasileira evidenciava que:

> A temática da Pluralidade Cultural diz respeito ao conhecimento e à valorização das características étnicas e culturais dos diferentes grupos sociais que convivem no território nacional, às desigualdades socioeconômicas e à crítica às relações sociais discriminatórias e excludentes que permeiam a sociedade brasileira, oferecendo ao aluno a possibilidade de conhecer o Brasil como um país complexo, multifacetado e algumas vezes paradoxal (BRASIL, 1997, p. 19).

Como visto, o ensino da cultura em sala de aula não é uma abordagem optativa e muito menos exclusiva, mas uma determinação racional que consiste na amostra de estilos culturais que viabilizem o conhecimento acerca de cada manifestação em prol da melhor compreensão das práticas realizadas, além de tornar compreensível conceitos que corriam o risco de nunca serem apresentados ao corpo discente, seja dentro ou fora do espaço escolar.

CULTURA, ENSINO E INDIFERENÇA

Mesmo diante de uma sociedade constituída por diversas expressões de vida, a empatia pelas culturas existentes nem sempre é algo, tranquilamente, assimilado por todos. Há indivíduos que, seja por falta de conhecimento ou descrença, não admitem a convivência mútua entre as culturas ou, até mesmo, a apresentação de orientações e ensinamentos em meio escolar, como resposta ao respeito a sua neutralidade.

Todavia, o fato do ensinamento do que existe não fere a descrença de outrem, pelo contrário, é a oportunidade de apresentar e defender interesses coletivos em prol da pacificidade dos indivíduos que compõem uma sociedade.

> Na contemporaneidade observa-se uma realidade contraditória baseada numa crise de sentido e de valores cujas consequências determinam uma tensão dos relacionamentos individuais e sociais. Neste contexto, surge aos indivíduos certa inquietação pela pergunta do sentido da vida e da sua atuação com um ser no mundo, como um ser que dever seguir preceitos ou renegá-los. Diante disso, cada vez mais as questões éticas reaparecem suscitadas como um problema fundamental de reflexão sobre a conduta do ser humano, o

> que reflete necessariamente nos debates sobre a educação. Com efeito, um dos traços marcantes desse problema refere-se a nossa indagarmos por questões que nos conduzem a refletir sobre a questão da identidade e da diferença (MATTOS, SERRA, 2016, p. 115).

Como cerne do excerto supracitado, os autores indicam que a prática da reflexão acerca do ensino da cultura em sala de aula se faz urgente e necessário, pois, como apresentado anteriormente, tal ensino não deve ser assimilado como algo obrigatório, mas, sim como um dos elementos fundamentais para formação de conceitos éticos fundamentais para vida em sociedade.

Em contrapartida às ações que corroboram para um ensino igualitário, sobre os aspectos que envolvem as manifestações culturais em sala de aula, relativo à demonstração e apreciação das especificidades de cada cultura, a educação brasileira ainda precisa superar a hierarquização dos interesses dos grupos dominantes, onde o docente necessita conhecer os contextos em que o ensino está sendo aplicado e desenvolvido, para que se evitem conflitos entre os membros de determinados grupos culturais, como, por exemplo, transparecer ideologias pessoais que possam influenciar na acepção dos alunos quanto às práticas realizadas por determinadas culturas, sendo traduzidas em expressões pejorativas ou outras condutas não produtivas e desfocadas da real intenção do ensino da cultura em sala de aula.

MULTICULTURALISMO E PRECONCEITO

Devido, muitas das vezes, à falta de conhecimento acerca das práticas culturais, desenvolvidas em determinadas comunidades e/ou grupos sociais, o preconceito se manifesta como resposta ao medo do desconhecido, onde a exclusão ou eliminação das más impressões torna-se latente e apenas saciada quando realizada seu afastamento, opressão ou, até mesmo, total extermínio.

A escola, por sua vez, deve fazer valer seu papel de intermediária das boas práticas sociais a favor da liberdade de escolha e de expressão daqueles que a constitui. Torna-se de extrema importância desconstruir os preconceitos que muitos alunos já trazem consigo à escola, fruto das más relações sociais, devendo-se ser trabalhado atividades, projetos, relatos de experiências, dentre outras metodologias que fomentem o aprendizado linear e não discriminador.

ESCOLA, CULTURA E PRÁTICAS SOCIAIS

O desenvolvimento das habilidades cognitivas dos seres humanos está diretamente relacionado à manifestação das práticas sociais. Levando-se em conta o caráter formador de identidades, a cultura desempenha forte influência sobre a forma com que os indivíduos assimilam e encaram a vida, suas proezas, problemas, conquistas, etc., e atribuem aos elementos visíveis e invisíveis a razão pela qual existem.

Assim, a escola enquanto passagem da jornada acadêmica e formativa dos alunos é o espaço propício a partilha de informações e de experiências e, quando coordenados ao exercício da cidadania, devem sair preparados para lidar com a pluralidade de indivíduos que compõem as sociedades.

Hall (1996, *apud* MATTOS, SERRA, 2015) expõe que:

> A escola possui a vantagem de ser uma das instituições sociais em que é possível o encontro das diferentes presenças. Ela é também um espaço sociocultural marcado por símbolos, rituais, crenças, culturas e valores diversos. Essas possibilidades do espaço educativo escolar precisam ser vistas na sua riqueza, no seu fascínio. Sendo assim, a questão da diversidade cultural na escola deveria ser vista no que de mais fascinante ela proporciona às relações humanas (HALL, 1997, apud MATTOS, SERRA, 2015, p. 120).

Notoriamente, o fato de a escola reunir os mais diversificados públicos para atendimento escolar não quer dizer que isso surtirá, independentemente, das ações escolares, pelo contrário, a escola, bem como seus representantes – professores, coordenadores, gestores, equipe técnica, zeladores, porteiro, etc. – deve estar ciente da condição de vida de cada integrante, onde atos de preconceitos devem ser combatidos através da orientação, antes de qualquer medida repressiva.

CONSIDERAÇÕES

Após a revisão dos estudos selecionados e apresentados, o estudo confere a responsabilidade de informar que as relações formativas prestadas em ambientes escolares não devem ser restritas ou contemplar ensino da cultura de maneira parcial. Como forma de orientar o desenvolvimento dessa temática, a escola deve estar preparada e amparada através de seus documentos oficiais – Regimento Interno e Projeto Político-Pedagógico – sendo esses dispositivos a carta magna de referência às práticas socioculturais desenvolvidas na escola.

A escola, enquanto espaço de acolhida e de reciprocidade, deve servir como ambiente de representatividade das expressões artísticas e culturais dos alunos, principalmente por essa habilidade está diretamente interligada às manifestações culturais como, por exemplo, pinturas, expressões sonoras, instrumentos, dentre outros. Deste modo, a escola deve ser convidativa, sempre regida pelas suas determinações para que todos possam sentir-se livres e respeitosos uns com os outros.

Muito além do cumprimento apático das determinações legais, a escola deve ser ativa em relação às ações de combate e prevenção de atitudes preconceituosas e discriminadoras. O papel pedagógico de uma instituição escolar é apresentar, estruturalmente, propostas de ensino que subsidiem a construção do saber com base aos aspectos qualitativos dos conteúdos programáticos, para que, quando concluírem a fase escolar possam exercê-los e compreender sua função social e desempenhar suas concepções de vida sem que isso fira os direitos dos demais.

A partir dos estudos realizados e da discussão desenvolvida, é possível inferir que o reconhecimento e trabalho pedagógico em sala de aula faz-se necessário para que se possam diminuir as ocorrências de intolerância e repudia cultural entre os indivíduos que compõem uma sociedade e dessas para com as culturas de outrem.

O estudo deixou claro que a escola deve, continuamente, prestar um atendimento educacional imparcial, não contemplando especificidades culturais sobre outras, mas na apreciação da partilha delas.

Para melhor compreender a assimilar os conhecimentos advindos da apresentação e discussão dos conceitos culturais em sociedade, faz-se necessário reconhecer que eles são subsídios da formação da identidade dos sujeitos e como elemento fundamental da formação do seu caráter. A cultura, por sua vez, deve ter seu espaço de direito reconhecido em todas as instâncias da sociedade, não apenas na escola, mas em todas as esferas sociais como elemento constituinte e não segregado.

REFERÊNCIAS

BRASIL. Secretaria de Educação Fundamental. *Parâmetros curriculares nacionais:* pluralidade cultural, orientação sexual / Secretaria de Educação Fundamental. Brasília: MEC/SEF, 1997. 164 p.

DUARTE, Cleia Zanatta Clavery Guarnido; WERNECK, Vera Rudge; CARDOSO, José Augusto Renato. A relação entre cultura e educação sob o ponto de vista de educadores do ensino fundamental. *Revista Psicologia e Saber Social*, 2(2), 204-216, 2013.

HALL, Stuart. *A questão da Identidade Cultural.* Trad. Guacira L. Louro e Tomaz T. da Silva. Porto Alegre: Faculdade de Educação/UFRGS, 1996.

MATTOS, Delmo; SERRA, Edna Kelli Mendes. Pluralidade e identidade cultural na educação: por uma ética da aceitabilidade. *Revista EDUC-Faculdade de Duque de Caxias*, v. 03, n. 2, Jul-Dez 2016.

MEDEIROS, João Bosco; TOMASI, Carolina. *Comunicação científica:* normas técnicas para redação científica. São Paulo: Atlas, 2008.

SILVA, Edna Lúcia da; MENEZES, Estera Muszkat. *Metodologia da pesquisa e elaboração de dissertação.* 3. ed. rev. atual. Florianópolis-SC: Laboratório de Ensino a Distância da UFSC, 2001.

Composto na
CAULE DE PAPIRO GRÁFICA E EDITORA
Rua Serra do Mel, 7989, Cidade Satélite
Pitimbu | Natal/RN | (84) 3218 4626

cauledepapiro.com.br

www.ingramcontent.com/pod-product-compliance
Lightning Source LLC
LaVergne TN
LVHW052030170826
845678LV00018B/2201

* 9 7 8 6 5 8 6 6 4 3 0 6 0 *